KB218778

강수돌 교수의
나부터 정치혁명

강수돌 교수의 나부터 정치혁명

초판 1쇄 발행 2025년 6월 12일

지은이 강수돌
펴낸이 강수걸
편집 이소영 강나래 이선화 오해은 이혜정 유정의 한수예
디자인 권문경 조은비
펴낸곳 산지니
등록 2005년 2월 7일 제333-3370000251002005000001호
주소 부산시 해운대구 수영강변대로 140 BCC 626호
전화 051-504-7070 | 팩스 051-507-7543
홈페이지 www.sanzinibook.com
전자우편 sanzini@sanzinibook.com
블로그 sanzinibook.tistory.com

ISBN 979-11-6861-483-3 03340

* 책값은 뒤표지에 있습니다.
* 잘못된 책은 구입하신 곳에서 교환해드립니다.

강수돌
지음

강수돌 교수의

나부터 정치혁명

산지니

모든 게 제자리로 갈 때, 가장 아름다운 풍경

긴장이 고조된 법정에서 그렇게 아름다운 변론을 들은 건 처음이자 마지막일 것이다. 내란 수괴 윤석열에 대한 탄핵 심판 변론의 마지막 날, 2025년 2월 25일이었다.

피소추인 윤석열을 탄핵하기 위한 소추인(국회) 측 대리인단의 장순욱 변호사가 자신이 가장 좋아하는 노랫말을 법정에서 언급했다. "세상 풍경 중에서 제일 아름다운 풍경은 모든 것들이 제자리로 돌아가는 풍경"이란 구절이었다. 알고 보니, 1980년대를 풍미한 포크 듀오 '시인과 촌장'의 노래〈풍경〉의 노랫말이었다.

장 변호사는 "이 노랫말처럼 모든 것들이 제자리로 돌아가고 우리도 하루빨리 평온한 일상으로 돌아갈 수 있기를 소망한다"며 "저는 그 첫 단추가 권력자가 오염시킨 헌법의 말들을 그 말들이 가지는 원래의 숭고한 의미로 돌려놓는 데서 시작돼야 한다"고 했다. 이 말을 듣는 순간 나도 모르게 눈가가 촉촉해지는 걸 느꼈다. 삭막하고도 긴장된 법정이 인문학적으로 고양되는 순간, 동시에 권력 중독자들로 인한 오염의 구덩이로부터 아름다운 연꽃들이 피어오르는 순간으로 느껴진 것이다.

대한민국 헌법 제69조엔 대통령 취임 선서가 나온다. "나는 헌법을 준수하고 국가를 보위하며 조국의 평화적 통일과 국민의 자유와 복리의 증진 및 민족문화의 창달에 노력하여 대통령으로서의 직책을 성실히 수행할 것을 국민 앞에 엄숙히 선서합니다." 대통령은 헌법에 따라 선출될 뿐 아니라 헌법 내용 자체를 준수하는 것이 대통령의 주된 책무란 얘기다.

윤석열과 여당 국민의힘은 헌법을 예사로 생각했고 예사로 어겼다. 그러고도 그 책임을 타자에 전가하려 했다. '적반하장'이란 말을 그들처럼 '일관되게' 실천한 집단은 보기 어렵다. 그 절정은 아마도 "헌법을 수호하기 위해 (불법적) 비상계엄을 선포"했다고 한 장면일 것이다.

2024년 12월 14일 내란 수괴에 대한 국회의 탄핵소추가 가결된 이후 111일 만인 2025년 4월 4일 마침내 "대통령 윤석열이 파면"되었다. 12·3 내란의 밤 이후 123일째였다. 하루하루가 길고도 짜증나던 시간이었다. 두렵기도 했다. 그리고 그간 쌓아올린 공든 탑이 한꺼번에 무너지는 처참한 기분도 들었다. 나처럼 느낀 시민들이 동네마다 도심지마다 몰려가기 시작했다. 남태령 대첩과 키세스 연대를 넘어 마침내 "파면"의 그날을 맞았다. 2025년 4월 4일은 1945년 8월 15일 이후 가장 기쁜 날 같았다.

내란 사태 이후 윤석열과 국힘당이 "아름다운 헌법의 말, 헌법의 풍경을 오염시켰다"고 지적한 장 변호사처럼

"모든 게 제자리를 찾는 모습"이 곧 민주주의를 제자리로 돌리는 길일 것이다. 그러나 내 생각엔 우리가 거기에 그쳐선 안 된다. 오염된 헌법을 제자리로 돌리는 것만으로는 제대로 된 민주주의가 꽃을 피울 수 없기 때문!

오염된 헌법의 풍경을 정화할 뿐 아니라 **헌법의 풍경을 더 풍부하게** 만드는 것, 나아가 **자본 논리에 오염된 헌법 자체를 생명 논리(생태민주주의) 위에 재구축하는 것**이 그다음 과제들이다. 갈길은 멀고도 험하다. 그러나 그렇다고 전혀 불가능한 것은 아니다. 물론 이는 특정 정당이나 집단만의 숙제는 아니다. 민주주의와 사회정의, 그리고 삶의 질 고양을 원하는 모든 깨시민들의 공동 과제다. 그래서 '**나부터**' **정치혁명**이다. **정치는 정치가만의 것이 아니다!**

나부터 제대로 서면 주변도 제대로 선다. 나와 주변이 제대로 서서 함께 손잡고 앞으로 나아가면 온 사회가 변할 것이다. 그렇게 세상은 변한다. '더불어 행복'의 길을 향하여!

그래서 신동엽 시인(1930~1969)의 「껍데기는 가라」를 독자들과 마음으로 공유하고 싶다.

껍데기는 가라
사월도 알맹이만 남고
껍데기는 가라

껍데기는 가라
동학년(東學年) 곰나루의 그 아우성만 살고
껍데기는 가라

(중략)

껍데기는 가라
한라(漢挐)에서 백두(白頭)까지
향그러운 흙가슴만 남고
그 모오든 쇠붙이는 가라

　이 책에 나오는 상당한 내용은 『한겨레』, 『시민언론 민들레』, 『씨알의 소리』, 『경남도민일보』, 『오하동』 등에 발표된 원고를 기초로 한다. 2010년에 졸저 『나부터 마을혁명』을 출간해 준 산지니출판사가 『나부터 정치혁명』의 출간을 제안하는 바람에, 최근에 쓴 글들과 이번 출간을 위해 별도로 쓴 글을 합쳐 한 권의 책으로 엮었다. 이 자리를 빌려, 건강한 언론 및 여론 조성을 위해 노력하는 분들, 그리고 좋은 책을 만드는 출판사 여러분들께 감사드린다.

　모쪼록 『나부터 정치혁명』이 "나는 정치 같은 건 몰라." 하는 분들이나 "나는 무조건 강자 편"이라 생각하는 분들, 또, "늘~ 그놈이 그놈이지 뭐."라 하는 분들에게 색다른 선물이 되면 좋겠다. **정치는 정치가만 하는 게 아니기 때문!** 그리하여 민주공화국 대한민국에서 **나부터 정치, 살림의 정치, 공감의 정치, 광장의 정치, 생명의 정치, 기억의 정치, 능동의 정치, 나눔의 정치, 풀뿌리 정치, 지속성 정치**의 새로운 장을 여는 디딤돌이 되길 소망한다.

2025년 5월
지리산, 섬진강, 다도해를 품은 하동에서

강수돌

차례

I 누가 누구를 '계몽'한단 말인가?

II 무엇이, 어떻게, 뒤틀려 있는가?

III 어디가, 왜, 아플까?

IV 누가, 무엇을, 어떻게 바꿀까?

I
누가 누구를
'계몽'한단 말인가?

계엄, 계몽, 깨몽

2025년 4월 4일, 마침내 국민들, 시민들, 깨시민이 승리했다. 민주주의여, 만세!!! 그러나 과연 이것으로 민주주의가 완성될까? 전혀 아니다. 오히려 이제부터 새로운 시작이다. 과거의 오류를 반복하지 않으면서도 대다수 국민들이 민주주의의 방향으로 함께 갈 수 있도록 제도적, 정서적 구조조정을 해야 한다. 그래서 계엄과 계몽, 깨몽에 대해 다시금 생각해 본다.

"국민 여러분, 저는 북한 공산세력의 위협으로부터 자유 대한민국을 수호하고, 국민의 자유와 행복을 약탈하고 있는 파렴치한 종북 반국가세력을 일거에 척결하고 자유 헌정 질서를 지키기 위해 비상계엄을 선포합니다." 2024년 12월 3일 밤이었다. 그런 계엄 상황이 탄핵 선고일까지 넉 달이나 흘렀다.

내란 수괴 윤석열의 탄핵 절차 중인 2025년 2월 25일 헌법재판소에서 윤석열 측 김계리 변호사는 "제가 임신·출산·육아를 하느라 몰랐던, 민주당이 저지른 패악을, 일당 독재 파쇼 행위를 확인하고 아이와 함께할 시간을 나눠 이 사건에 뛰어들게 됐습니다. 저는 계몽되었습니다"

라 했다.

　헌법재판소는 2025년 3월 24일 한덕수 전 국무총리 탄핵 심판에서 "피청구인이 비상계엄 선포의 절차적 정당성을 부여하기 위해 국무회의 소집을 건의하는 등의 적극적 행위를 했음을 인정할 만한 증거는 찾을 수 없고, 국회의 비상계엄 해제요구 결의안이 가결된 이후 대통령에게 국무회의 소집을 건의하지 않았다는 등의 소추 관련 사실을 인정할 만한 증거도 찾을 수 없다"는 다수 의견에 의거, 한덕수를 복귀시켰다.

　65년째 사는 내게 헌법이 이토록 '순교'당하는 모습은 처음이다. '차라리 박정희나 전두환이 나았다'는 탄식이 나올 법하다. 100% 마음에 드는 건 아니지만 대한민국 국가기구 중 그나마 나은 건 민주당 중심의 야당 즉, 국회다. 대통령도, 헌재도, 검찰도, 법원도, 감사원도 정말 마음에 안 든다. 심지어 현재의 선거 제도가 과연 '민주주의의 꽃'인지 모르겠다. 여당이라는 '국민의힘'은 정말 국민의 편인가? 오히려 국민들 힘만 뺀다. '민주주의의 배신!' 정작 우리의 힘은 광장에 모여든 수많은 '깨시민'들!

　참여정부 노무현 대통령은 "민주주의 최후의 보루는 깨어 있는 시민의 조직된 힘입니다. 이것이 우리의 미래입니다"라 했다. 물론, 한미FTA, 이라크 파병, 제주 강정마을 해군기지, 새만금 정책 등은 마음에 안 들지만, 그래도 진정성과 책임감 있는 대통령이긴 했다. 그 모든 문제에도 불구하고 노무현의 그 말은 지금도 옳다. 즉, 미몽에서 깨어난 시민들, 즉 '깨몽' 시민들의 조직된 힘이 민주주의의 바탕이다. 그리고 바로 그 '깨시민들'이 2025년 4월 4일 헌법재판소로부터 '윤석열 탄핵'을 이끌어내는 밑바탕이 되었다. 장한 일이다!

엔도 슈사쿠 작가의 『총과 십자가』(불휘미디어, 2025)엔 17세기 일본 순교복자 188위 중 한 사람인 베드로 키베 카스이 신부(1587~1639)가 나온다. 키베는 나가사키현 아리마 신학교(1580년 개교, 33년 존속, 1614년 기리시탄 박해로 폐교)에서 가톨릭 공부를 시작했다. 12~17세기의 일본은 무사 지배(막부) 때라, 어리석은 동양인을 "계몽"하려던 가톨릭의 선교에 대해 매우 공격적, 배타적, 적대적이었다. 키베는 박해 탓에 일본에서 신부가 될 수 없어 1615년부터 마카오, 이스라엘을 거쳐(사막도 횡단) 1620년 로마로 가 마침내 사제가 된다. 1630년, 다시 일본 센다이 지역에서 사목을 했으나, 1639년 순교한다(52세). 일본의 (에도) 막부 체제가 그 가치 체계와 지배를 위협하는 서양 가톨릭 세력에 대해 일종의 "계엄"을 선포한 셈이다! 그 무렵 188명의 신도·사제가 아나즈리(구멍 매달기) 고문을 당하며 '고론다(굴복=삶)'와 순교(저항=죽음) 사이에 갈등·번뇌를 거듭하다 비장한 심정으로 후자, 즉 예수의 길(십자가)을 택했다.

'12·3 계엄' 및 『칼과 십자가』를 통해 내 나름 스스로

'깨몽'한 점은 이렇다.

① 자본·제국의 상품 논리는 종교나 국가를 곧잘 앞세운다. 구한말 조선을 침략한 서양 열강들, 그들에 앞서 들어온 가톨릭 선교사들은 일부 훌륭한 면이 있음에도 전반적으로는 자본의 상품 판매지와 새로운 원료 공급처를 찾는 흐름과 결코 무관하지 않았다.

② 종교나 양심의 자유를 그 어떤 '계엄'도 영원히 억압할 순 없다. 헌법에 보장된 종교나 양심의 자유, 언론·출판·집회·결사의 자유, 나아가 단결권, 교섭권, 행동권 등 노동3권 등은 폭력적인 계엄조차 막을 수 없다.

③ 서양이 동양을, 권력자가 국민을 '계몽'하려는 건 시대착오적이다. 17~18세기의 계몽사상은 봉건체제(신정 정치, 귀족 정치)를 타파하고 주술 시대를 극복하는 데 큰 기여를 했다. 하지만 이는 인간 이성에 대한 맹신과 자본의 합리성을 강요함으로 말미암아 오늘날 경제위기, 사회위기, 생태위기라는 복합 위기를 불렀다. 따라서 우리는 계몽을 넘어 깨몽으로 전진해야 한다. 서양이 동양을, 권력자가 국민을 '계몽'하려는 건 대단한 시대착오일 뿐이다.

오히려 '깨몽'한 시민들, 깨시민들이 권력에 중독되고 재물에 중독된 기득권층을 인간적으로 계몽하고 편협한 이데올로기나 경제가치만 중시하는 물신주의(fetishism)에서 깨어나게 해야 한다. 2017년 3월 10일의 박근혜 탄핵에 이어 2025년 4월 4일의 윤석열 탄핵이 곧 그런 과정이다. 이제 더 이상 이런 식의 탄핵 사태가 없으면 좋겠다.

그러나 내란 수괴 탄핵이 끝은 아니다. 오히려 시작이다. 민주주의는 '제도'도 중요하지만 동시에 '사람'도 중요하다. 더 중요한 것은 사람과 제도의 상호작용, 그 속에서의 부단한 개선과 혁신, 그리고 잘못을 전복하는 혁명, 즉 '과정'이다.

이제부터 내란당과 내란 공범들을 낱낱이 찾아내 합당한 처벌을 해야 한다. 다시는 '나쁜 짓'을 하지 못하게! 나아가 권력에 중독된 내부자들이 '카르텔'로 움직인 정치검찰, 정치군인, 정치판사 등을 척결하되, ILO 협약(111호)에 따라 교사와 공무원의 건전한 정치 활동을 보장해야 한다. 일례로, 김누리 교수가 『경쟁 교육은 야만이다』에서 강조하는바, 의회 내 교사 출신 비중이 OECD 평균 30명이며, 독일의 경우 연방의원 중 법률가(22%) 다음으로 교사(약 13%)가 많다. 그래서 '윤석열 파면'을 넘어 또다시 외친다. 민주주의여, 만세!!!

악은 어떻게 내면화하는가?

널리 알려진 '악의 평범성' 개념이 있다. 독일 출신 미국 사상가 한나 아렌트의 문제작 『예루살렘의 아이히만』(1963)에 나온다. 상당수 유대인 출신 지식인들은 1933년에 히틀러가 합법적으로 권력을 잡자 서둘러 미국 등지로 망명했다. 살기 위해서! 한나 아렌트도 그중 하나였다. 유대인 등 600만 명을 학살한 나치 권력의 폭력은 물론 그에 동조한 평범한 국민들의 행태를 둘러싸고 당시 지식인들 사이엔 많은 논쟁이 있었다. 그 와중에 아렌트는 늘 이런 질문을 품었다. '과연 나치 학살자들은 어떤 존재이기에 그 무자비한 일을 저질렀을까?'

그 극악무도했던 히틀러도 1945년에 자살로 마감하고 2차 세계대전도 끝이 났다. 흔히 우리는 (개발론 내지 발전론의 시각에서) 폐허와 잿더미로부터 '라인강의 기적'이 어떻게 탄생했는가에 관심을 갖지만, 아렌트는 학살자의 존재론을 물고 늘어졌다. 마침내 1945~1946년 독일 뉘른베르크 전범재판에 이어, 1961년 또 하나의 세기적 재판이 이스라엘 예루살렘에서 열렸다. 주인공(?)은 아돌프 아이히만(1906~1962)이었다.

과연 그는 누구인가? 그는 나치 독일의 친위대 장교(중령)로 유대인 학살 실무를 총괄했다. 1945년 5월, 독일이 연합군에게 항복하자 살기 위해 은둔의 삶을 택했다. 그는 독일 패전 뒤 전쟁포로로 심문을 받던 중 탈출해, 독일 북부 오지 마을에서 오토 헤닝거라는 이름으로 삶을 즐긴다. 그 뒤 1950년 6월엔 리카르도 클레멘트가 되어 아르헨티나로 갔다. 먼저 탈출해 은둔해 사는 전직 나치들이 '좋은 친구들'로 살고 있던 곳! 2년 뒤 아내와 아들 삼형제까지 합류했다. 부에노스아이레스 외곽의 한적한 마을이었다. 그러나 그는 유대인 국가인 이스라엘 비밀정보국 모사드의 집요한 추적으로, 마침내 1960년 5월 극적으로 체포됐고 약 2년여 검찰 조사, 법원 판결 끝에 사형됐다. 그 과정이 영화 〈오퍼레이션 피날레〉에 잘 묘사된다.

여기서 중요한 점은 당시 한나 아렌트가 미국 교양지 『뉴요커』의 요청으로 이 예루살렘 전범재판을 면밀히 관찰하고 보고하면서 '악의 평범성' 개념을 제시한 것! 아이히만은 법정에서 "나는 히틀러가 만든 절멸 작동기계의 작은 톱니바퀴 중 하나일 뿐"이라며 학살 책임을 부인했다. "그저 명령만 따랐을 뿐"이었다는 것, "지시 내용을 성실히 수행하지 않았다면 오히려 양심의 가책을 느꼈을 것"이라 말했다. 아렌트의 눈에, 아이히만은 평범한 시민에 불과했지만, '조국', '충성', '영광', '성실', '복종' 등 상투어를 무비판적으로 수용하며 일개 '조직인'으로 행동한 결과 끔찍한 학살도 죄책감 없이 행할 수 있었던 것으로 보였다. 그래서 '악의 평범성'이 탄생했다. 상당히 일리가 있는 명제다. 우리 주변에도 아무 생각 없이 살다 보면 얼마든지 악행을 저지르게 되는 이들이 많다. 윤석열의 계엄(내란)에 무비판적으로 동조하는 이들이 그 증거다.

나는 1987년 10월, 느지막이 군입대 후 훈련소에 갔다. 난생처음 받은 충격은 "절대 질문하지 말라"던 조교의 말이었다. '아무 생각 말라', '무조건 복종하라!' 1981년부터 1986년까지의 대학(원) 공부에서는 "질문을 많이 하라"가 기본 태도였고 권장 방식이었다. 그런데 군대에서 경험한, 바로 이 3무(無), 즉 무사고, 무질문, 무분별이 아렌트의 '악의 평범성'과 연결돼 무자비로 이어짐을 깨달은 건 한참 뒤다. 그리고 최근까지 이 아렌트 통찰의 탁월함에 무릎을 치곤 했다.

그런데 흥미롭게도 최근 들어 아렌트의 명제에 정면 반박하는 논리가 부각됐다. 독일 철학자 베티나 슈탕네트(1966~)가 쓴 『예루살렘 이전의 아이히만』(2011)이 바로 그것! 슈탕네트에 따르면, 한나 아렌트는 아이히만에 속았다. 아이히만이 재판을 받을 당시, 그가 취한 자세, 태도, 발언 등은 슈탕네트가 보기에 모두 상식적인 사람, 평범한 사람, 일반적인 사람으로 보이기 위한, 간교한 '위장술', 즉 '쇼'였다. 그 근거를 대기 위해 슈탕네트는 재판 이전에 아이히만이 했던 발언들이나 기록물들을 끈질기게

추적, 분석했다. 결론은, 아이히만은 '평범인'이 아닌, '확신범'이었다는 것! 요컨대, '악의 확신성' 명제다. 그렇다면 왜 그가 '확신범'이라 확신할 수 있을까?

우선, 슈탕네트는 "무엇보다 아이히만 스스로 열심히 말하고 다니며 글을 썼다"고 했다. 아이히만과 관련된 문서와 기록, 진술서는 히틀러나 괴벨스를 포함한 나치 전범들 모두의 것보다 더 많다는 것!

더 중요한 점은, 바로 그런 아이히만의 과거 흔적들 속에 이미 반유대인주의 내지 인종주의적 신념이 일관되게 보인다는 것! 아르헨티나에서 도피 생활을 하면서도 아이히만은 매 주일 '좋은 친구들'과 함께 '독일과 세계의 발전'을 주제로 학술 세미나처럼 토론했다. 흥미롭게도 그들은 과거에 대한 반성 내지 성찰은 전혀 없이, 모두 나치의 우월성과 대량학살의 정당성을 옹호하면서 새 시대의 전망을 모색했다. '확신범' 확신이 가는 대목이다.

그러면서도 아이히만은 '인생 세탁'을 위해 자기 삶을 철저히 '평범화'했다. 즉, '예루살렘 이전의 아이히만'은 낮에는 토끼 사육사로 일하고, 일과 후에는 바이올린 연주와 와인을 즐겼으며, 저녁 시간에는 독서와 집필에 미친 듯 몰두했다.

어쩌면 아이히만 등이 보인 이 '야누스의 얼굴'은 '평범인'의 전형이 아닌, '확신범'의 전형일지 모른다. 평범인이라면 인지 부조화 내지 언행 불일치 상황에서 수치심, 죄

책감, 불편함을 느낀다. 그래서 침묵 속으로 숨거나 외면하려 한다. (엉터리이긴 하지만) '나름'의 일관성을 유지하려 애를 쓴다. 그러나 '확신범'은 다르다. 양심이나 상식에 어긋나는 생각과 태도, 행동을 오히려 합리화, 정당화, 적극 옹호한다. 최근 한국 상황에서 나온, "반국가세력 척결"을 위한 "계몽령" 발언도 같은 맥락이다. 그러면서도 현실에서는 좋은 이미지를 보이기 위해 평범한 척, 착한 척, 선행을 베푸는 척한다. 아이히만 역시 가축 돌봄 노동을 수행하고 음악을 즐기고 독서도 열심히 했다. 예루살렘의 재판정에서도 그는 '(저항 않는) 성실한 관료'로 위장했다. 그러나 그의 실상은 최후의 순간까지 나치즘을 신봉한 확신범이자 반성 없는 자기변호인(거짓말쟁이)에 불과했다. 심지어 그는 이마누엘 칸트의 '정언명령'까지 동원하며 자기 정당화에 진력했다. "나는 항상 칸트 철학의 애호가였으며, 정언명령에 따라 행동하려 노력했다." 그러나 칸트의 정언명령은 오히려 양심의 명령에 가깝지 파쇼의 명령은 전혀 아니었다!

그래서 슈탕네트는 말한다. 아이히만에게 재판은 '자신과 세상을 감쪽같이 속인 가면극이자 냉소적인 기만극'이라고! 그리고 바로 그 가면극 내지 기만극에 관찰자 아렌트 역시 속았다고!

따라서 슈탕네트의 '악의 확신성' 개념 역시 타당하게 보인다. 알고 보니, 윤석열과 김용현, 김건희와 노상원, 일부 국힘당 의원이나 극렬 종교인 등, 계엄 주도 세력들은 이 명제의 타당성을 입증하는 것 같다. 한편, 상당수 장군들과 국무위원들, 상당수 고위공직자들과 국힘 추종자들은 '악의 평범성' 명제를 입증하는 것 같다. 왜냐하면 이들은 대체로 마음속으로는 '아닌데…' 하면서도 거부하기 힘든 'VIP의 의지' 때문에, '눈 밖에 나기 두려워', '보복을 당할까 겁이 나서' 등의 이유로 반신반의하는 상태에서 끌려갔기 때문이다.

여기서 나는 묻는다. 아렌트의 '악의 평범성'도, 슈탕네트의 '악의 확신범'도 나름 일리가 있다면 우리에게 남은 질문은 무엇인가? 그것은 '어떻게 평범한 사람도 악을 확신하게 될까?'라는 것이다. 요컨대, '악의 내면화'가 문제다. 이에 대한 내 나름의 사유 결과는 이렇다.

첫째, 가장 쉬운 설명은 '세뇌 효과'다. 가장 대표적인 것이 어릴 때부터 사람의 두뇌와 생각을 국가 내지 특정 세력(교육, 언론, 종교)이 조작하는 것이다. 예컨대, 오늘날 우리가 칭송하는 독일의 킨더가르텐(유치원) 제도는 원래 나치 시절에 국가가 (그리고 자본이) 아이들을 부모의 영향으로부터 분리하기 위한 시도에서 시작됐다. 거칠게 압축하면, '아이들을 부모의 오염된 가치관으로부터 보호하고 순수한 아리아족의 위대함을 고취하기 위해' 만들어진 게 만 3세 아동부터의 킨더가르텐 제도다. 또, 일본 제국주의가 조선인의 혼을 개조하기 위해 '국민학교'를 세우고 그들이 만든 교과서로 국민교육을 해온 것 역시 같은 맥락이다. 세뇌 교육의 수단은 '당근과 채찍'이다. 말 잘 들으면 당근을, 아니면 채찍을 준다. 국가나 어른이 원하는 일을 반복하며 당근으로 보상을 거듭 받게 되면 그런 생각, 느낌, 태도, 행동은 습관이 된다. 세뇌의 결과 낯선 규범이 습관으로, 나아가 그것이 상식으로 신념화하는 것이다. 만일 그렇게 성장한 아이들이 일정 시점에서 '근본적 성찰'의 계기를 갖지 못하면 세뇌된 상태로, 그것이 옳다는 확신으로 살아간다. '악의 내면화'는 이런 식으로 이뤄진다!

아이히만은 1957년 9월, 한 '원탁 모임'에서 "우리가 1030만 명 유대인 중 (600만이 아닌) 1030만을 죽였다면 매우 만족스러웠을 것이고 (…) 우리 피와 민족에 대한, 또 민족들의 자유에 대한 우리 의무를 완수했을 것"이라 했다. 이런 신념을 그는 일찍부터 갖고 있었다.

이 모든 과정에서 아무 '근본 성찰'의 기회가 없다면 '악의 내면화'는 일사천리다. 그런데 독일의 경우 그런 근본 성찰은 '유럽의 68 혁명'을 계기로, 한국의 경우엔 '대학 신입생 시각 교정'을 계기로 상당 정도 이뤄졌다. 물론, 지금의 일상에서도 교양도서나 꾸준한 인문학 모임을 통해 그런 '근본 성찰'은 얼마든 가능하다.

반면, 이 근본 성찰의 기회가 없다면 아무리 나이가 들어도 '어른아이'가 된다. 인생 마지막 순간에도 인생의 의미조차 모르기 일쑤다. 그저 생존했고 재산을 모았으며, 국가에 충성했고, 내 새끼 남기고 갈 뿐! 요컨대, '세뇌-습관-상식화'의 경로가 '악의 내면화'를 낳는다.

둘째, 이해관계 내지 이해득실 계산법에 따른 '악의 내면화'다. 세뇌되어 성장한 사람조차 일정 계기에 직면해 '국가에 속았다', '언론에 속았다' 또는 '사람에게 속았다'는 생각이 들면서(현타=현실 자각 타임), 결국 '돈이 최고'라 느끼게 된다. 크게 보면 이것은 '등가법칙의 효과'다. 즉, 인간적 유대감에 기초한 공동체가 해체될수록, 그리하여 우리의 일상생활 전반이 상품-화폐 교환(등가법칙)에 지배될수록, 이런 실리주의가 팽배하게 된다.

대체로 우리는 부모의 품을 떠나 살게 될수록 '가혹한' 현실을 경험한다. 돈이 없으면 세상은 매우 비참하다. 방한 칸 얻는 것도 돈이요, 지하철 하나 타는 것도 돈이다. 이것이 현실이다. 돈이 많으면 사람처럼 살겠는데, 돈이 없으면 노숙자나 거지가 된다! 그리하여 세상에 믿을 건하나도 없는데, 심지어 부모조차 믿기 어려운데, (밖에 나가면) 오로지 돈만이 힘이고 권력이고 말빨(!)임을 반복 경험, 체험한다. 상품, 화폐, 자본이 지배하는 세상에서 이러한 경험은 더 이상 예외가 아니라 평범한 현실, 일상의 법칙이 된다.

이제부턴 삶의 의미나 존재, 인간관계, 자연관계 같은

건 위선이나 사치에 불과하고 오로지 '돈 되는' 것만 가치 있게 보인다. 그리하여 특정 종교나 집단이 '돈 되는'(밥 주는) 주장을 한다면 자연스럽게 끌려 들어간다. 한두 번, 그리고 두세 번 '실제로 돈 되는' 경험을 반복하게 되면 '이것!'이란 확신을 한다. 2025년 2월 독일 총선에서 극우파 정당(AfD)이 20% 이상 득표한 것도 이런 맥락이며, 한국에서 극우 종교, 극우 언론, 극우 정치의 동맹체가 출현하고 있는 현상 역시 이런 맥락에서 이해된다. 요컨대, 이는 '현타-실익-소신화'의 경로다. 그 결과 자신도 모르게 '악의 내면화'가 이뤄지고 (백골단 부활이나 법원 폭동, 헌재 폭파 주장에서 드러나듯) '악의 확신범'이 된다.

셋째, 이와 연관되면서도 좀 다른 측면에서 '악의 내면화'를 볼 수 있다. 그것은 감당하기 어려울 정도의 폭력을 반복 경험한 결과 '트라우마'에 찌든 사람들이 나름의 생존전략으로 '강자동일시' 심리를 수용한 결과라는 것! 앞에서 국가나 자본은 아이들을 일찍부터 세뇌하려 함을 보았다. 그러나 성장하는 아이들이 늘 순종하는 건 아니다. 일탈 내지 저항을 하기도 한다. 그런데 이들이 한두 차례 저항을 했다가도 거듭 패배하고 좌절하면 결국엔 죽음, 배제, 탈락, 낙인의 두려움(공포)을 감당하지 못하고 생존을 위해 주체성과 저항을 포기한다. 체제 전반의 차원이건 개인적 차원이건 '강자동일시'가 일어난다. 비판자나 저항자들을 척결하면서 승승장구하는 자본주의 체제를 유일한 것으로 여기거나, 자기가 아는 성공자, 출세자를 마치 자신과 한 몸처럼 여기는 것이 모두 '강자동일시'다. 그 결과 중 하나가 '악의 내면화'다.

즉, 자본주의 시스템이 돈벌이를 위해 얼마나 거짓말을 예사로 하고 사람과 자연에 폭력을 행사하는지 묻지 않고 "모난 돌이 정 맞는다"는 말만 기억하며 오로지 주류 체제 안에서 인정받고 성공, 출세하려 한다. 그러다 보면, 아래로 갈구고 위로 비벼대는 '갈비 법칙'조차 지극히 당연한 규범이 된다. 그런 규범이나 지시가 못마땅하면 '나가라', 그리고 살아남아 계속 먹고살려면 '복종하라'는 가치관이 퍼진다. 요컨대, '폭력-공포-동일시'의 경로다. 즉, 죽음, 배제, 탈락, 낙인의 두려움(공포)이 '강자동일시' 심리를 낳고 이것이 '악의 내면화'까지 낳는다.

지금까지의 내용을 정리해 보자. 한나 아렌트는 '악의 평범성' 개념을 내세우며 대량학살(홀로코스트)을 수행한 아이히만이 '별 생각 없이' 국가와 조직에 충성하고 복종했으며 성실했을 뿐이라 했다. 반면, 아렌트보다 60년이나 젊은 베티나 슈탕네트는 '악의 확신성' 가설을 제시, 아이히만이 인종주의 내지 반유대주의를 상식화, 소신화, 신념화했다고 본다.

아렌트에게 키워드는 '무사유' 즉, 생각 없음 내지 피해의식의 위험함이다. 피해의식 뒤로 숨는 '피해자(희생자)

코스프레'는 무사유 외에 무책임을 드러낸다. 이는 최종적으로 무자비한 행동을 정당화한다. '희생자인 척하는' 가짜 피해자가 책임 전가를 통해 진짜 가해자로 둔갑하기 때문! 아이히만도 사형 직전의 법정 최후 진술에서 "나역시 일개 희생자"라 했다. 원래 국가 폭력의 희생자조차(어느 순간엔) 양심적 거부 행위를 할 수 있는 능동적 주체가 되기도 한다. 그 어떤 악도 내면의 영혼까지 지배하긴 어렵기 때문! 그러나 늘 피해의식으로 충만한 피해자 코스프레는 그런 능동성 내지 주체성조차 스스로 부정한다. 자기책임 회피를 위해서다.

반면, 슈탕네트에게 키워드는 '신념화' 즉, 외적 가치의 내재화다. 그야말로 일반인이 보기에 비인간적이고 반민주적인 것(예, 인종주의나 이기주의)도 이들에겐 소신 내지 행동 규범이 된다. 외적 가치를 내적 가치로 내재화한 상태이기에, 이 둘 사이의 경계가 더 이상 명확하지 않다. 따라서 이들 논리 안으로 들어가 보면, 가해자가 아닌 피해자가 오히려 책임의 주체(예, 유대인이나 굼뜬 자는 사회의 장애물)로 둔갑한다. 그리하여, '희생자 나무라기' 또는 '희생양 찾아내기'가 예사로 행해진다.

일단 겉으로는 이 두 학자들의 명제가 서로 공통점이 없어 보인다. 하지만, 내가 보기에 두 명제 모두 '성찰의 부재'란 공통점을 내포한다. 악의 평범성도, 악의 확신성도, 성찰의 부재에서 비롯되는 것이다. 성찰이 없다면 아무리 평범한 사람이라도 쉽게 악인이 된다.

성찰, 그것도 '근본 성찰'만이 인간을 인간답게 만든다. 최근 한국의 계엄 사태와 관련해서도, 또, 지금의 전 지구적 기후위기와 관련해서도, 나는 이 근본 성찰의 부재가 존속하는 한 특정 개인(들)의 죽음은 물론, 한 나라나 한 사회, 나아가 지구 전반의 죽음을 피하기 어려울 거라 본다. 특히, 나치 파쇼주의나 반유대주의, 인종주의, 반공주의, 흑백논리, 가부장주의, 생산력주의, 능력지상주의, 성장지상주의를 체계적으로 부채질하는 자본주의 사회경제 시스템에 대한 근본적 성찰이 '인간다운 삶'을 위해 절박하고도 긴요한 시점이다.

아이히만은 죽기 전 이스라엘 감옥에서 자신을 "계몽주의와 세계주의를 갈망하는 평범하고 자연을 사랑하는 사람"이라 포장했다. 최근 12·3 비상계엄과 관련하여 윤석열은 "(야당인) 민주당의 폭주를 알리기 위한 경고성 계엄"이라 하며 '계몽령'이란 말까지 간접 창조했고, 김계리 변호사는 "나는 계몽되었다"고 했다. 이들의 최후 진술과 아이히만의 최후 진술 사이에 과연 무엇이 다른가?

정치는 정치가만 하는 게 아니다

'끔찍한' 12·3 내란(2024년 12월 쿠데타) 이후 "상당한 기간"이 지나 2025년 3월 24일 한덕수 국무총리가 복귀했다. 헌법재판소가 그를 '구출'해준 셈! 민주당 등 야당이 탄핵 소추한 데 대해 4명의 재판관이 기각을, 2명은 각하를, 1명만 인용했다. 이 결정을 듣고 나는 헌법재판소의 존재이유를 의심했다. 어떤 면에서 이 모든 게 '쇼' 같다는 느낌도 든다. 그 옛날 같으면, 그날의 '끔찍한' 사건 이후 뒤처리를 '민주적으로' 한답시고 100일이 넘도록 거추장스럽고도 지루한 절차를 거칠 필요 없이 그 '나쁜 놈들'을 그저 멍석에 둘둘 말아 몽둥이로 패고 나면 상황이 진작 끝났을 텐데 말이다. 전국 곳곳에서 산불로 난린데, 내 속에서도 천불이 났다. 가히 조선 말 '민란' 분위기가 들불처럼 퍼질 기세다. 나만 아닌, '대다수'가 그렇다.

솔직히 말하면 법과 민주적 절차들은, 그 자체로는 중요하나 실제 그 운용 방식을 보면 '차라리 없는 편'이 나을지 모른다. 법률 전문가가 아닌 '일반인'의 눈으로 보기에, 너무나 뻔한 사건도 불필요하게 값비싼 변호사까지 써가며 기득권 내지 자기들 편에서는 아무 문제가 없는 듯 처리되기 일쑤다. 반면, 누군가 배고파 빵 하나 훔치거나 버스 기사가 동전으로 커피 한 잔 마셨다고 하면 마치 '준법'을 철저히 하듯 가차 없이 유죄 판결을 내린다. 게다가 '변호사 시장'은 왜 그렇게 비싸고도 복잡한가? 차라리 수많은 사람이 모여드는 시장 마당에서 보통사람들이 갑론을 박을 벌여 결판을 내는 게 훨씬 빠르고도 정확할 것이란 느낌이다. 그래서 외친다. 정치는 정치가나 전문가만 하는 게 아니다. 바로 우리가 만드는 것이다!

반면, '검찰공화국'에선 법과 양심이 더 빨리 증발해버린 듯하다. 누가 보아도 뻔한 일들이 상식을 배신한다. 내란 수괴에 대한 탄핵은 지연되고, 불법을 예사로 저지른 감사원과 검사들에 대한 탄핵도 기각됐다. 심지어 힘들게 구속시킨 내란 수괴조차 법원과 검찰의 공모로 '탈옥'에 성공했으며, 내란 사태의 여러 비밀을 풀 열쇠 격인 김성훈 경호처 차장에 대한 구속영장도 번번이 기각됐다. 그나마 3월 26일 이재명 대표가 2심에서 무죄 선고된 것은 천만다행이다. 물론, 그 직전에 이 대표가 이재용 삼성전자 회장과 화기애애하게 만난 것 자체가 이미 무죄를 암시한다고 본 이들도 있긴 했다. 이런 일련의 흐름을 보면서 과연 '탄핵' 이후 우리는 어떤 세상을 만들어야 하나, 하는 질문을 또 던지지 않을 수 없다.

맨 먼저 나는 민주주의의 근본 토대가 헌법 19조에 보장된 양심과 진실이라 믿는다. 그런데 이 양심과 진실은 사회적 관계나 상황, 맥락에 따라 왜곡되기 쉽다. 따라서 이것을 제도적으로 보장하기 위해서라도 언론개혁과 사법개혁을 철저히 이뤄야 한다. 언론개혁을 통해 가짜뉴스나 극우 유튜버가 설치지 못하게 해야 한다. 거짓, 조작, 허위, 폭력, 증오, 혐오 등은 '절대로' 허용해선 안 될 마지노선이다. 사법개혁을 위해선 전관예우나 검언유착을 척결해야 한다. 경찰, 검찰, 판사가 '법, 양심, 원칙'을 배신했을 때는 죽을 때까지 유사 직종에 종사하지 못하게 해야 한다. 이런 식의 언론개혁과 사법개혁을 가장 먼저 해야 비로소 양심과 진실이 살아 숨 쉬는 세상이 된다. 그래야 사회로 인하여 '억울한' 사람이 생기지 않는다. 그리고 선거 제도 개혁으로, 다양한 정치적 견해들이 실제 정치에 반영되도록 해야 한다. 일례로, 돈과 연줄의 선거가 아니라 철학과 프로그램 중심의 선거를 하면서도 사표(死票)를 방지하려면, 의회 의원들은 완전한 정당비례대표제(정당에만 투표)를, 대통령과 지자체장은 결선 투표제(50% 이상이 나올 때까지 투표)를 도입해야 한다. 이참에 검찰총장, 법원장, 검사장, 헌재 재판관 등은 판검사 공동체 구성원들이 전체 투표로 뽑으면 좋겠다. 이렇게 언론, 사법, 선거 개혁이 된 바탕 위에서라야 비로소 우리는 사회 개혁을 논할 수 있다.

그다음 단계로 나는 우리네 일상생활의 민주화를 위해

4가지 개혁을 이뤄내야 한다고 본다. 그것은 교육개혁, 노동개혁, 복지개혁, 농촌개혁이다. 다른 개혁 분야들도 많지만, 이 4대 개혁이 이뤄지면 자연스레 파급효과를 낼 것이다.

　교육개혁의 키워드는 '개성 있는 평등화'다. 지금처럼 돈과 암기력 테스트로 일류대 가는 '값비싼 코미디'는 그만두고 아이들의 개성과 인성을 살리는 교육을 해야 한다. '디지털 교과서'도 결국은 (첨단산업의) 새로운 돈벌이에 이용만 당하고 금세 무용지물이 된다. 교육은 돈벌이가 아닌 살림살이의 문제다. 2세대 '노동력'이 아닌 개성 있는 '인격체'를 길러야 한다. 물론, 필수 교과목은 있어야 할 텐데, 나는 1) 헌법, 2) 근현대사, 3) 문학·철학, 4) 자본주의 교육은 초·중·고에서 단계별로 차곡차곡 이뤄져야 한다고 본다. 이런 과목들이 민주시민교육의 필수 교과가 되어야 한다. 더 이상 기억력 경쟁이 아닌 비판적 이해와 열린 토론을 통한 배움이 핵심이다. 그 위에서 아이들의 개성과 꿈을 키우는 교육을 해야 한다. 다양성 교육이다. 나아가 서열화, 차별화를 만드는 '일류대' 개념도 없애야 한다. 아이들이 재미, 재주, 의미에서 나름의 꿈을 꾸게 도와주고, 그 어떤 꿈을 꾸든 동등하게 존중, 지원해야 한다. 이 아이들이 학교를 거쳐 직장에 가더라도 그 대우가 비슷해진다면 아이들이 미래에 대한 두려움 없이 꿈을 꿀 수 있을 것이다. 이걸 촉진하기 위해서라도 대학입시와 노동시장을 근본적으로 바꿔야 한다. 그 내용과 방향에 대해선 마을마다 지역마다 민주적 토론이 필요하다. 제대로 된 토론을 하기 위해서라도 국내외 모범 사례탐구나 인문학 공부가 필요하다.

　노동개혁의 핵심은 '노동시간 단축과 일자리 나누기'다. 우리가 일을 하는 이유는 행복하게 살기 위해서다. 자본을 살찌우기 위해서가 아니란 말이다. 무한한 자본증식을 추구하는 시스템은 자원고갈이나 기후위기로 상징되듯 자본가에게조차 미래가 없다. 보수나 진보를 불문하고 전 세계적으로 대다수 정치경제 지도자들이 중독되어 있는 것이 경제성장 중독증이다. 그러나 그 종말은 '6차 대멸종'처럼 비참한 미래를 예고한다. 이미 지금도 온갖 불평등과 양극화, 과로사와 실업의 공존이라는 이상한 현상 등 심각한 문제를 노정하고 있지 않은가? 그래서 자본의 이윤 기준이 아닌, '인간적 필요' 기준으로 노동과 경제를 재구성해야 한다. 국민이 잘 먹고 잘 살기 위해 필요한 물자나 서비스의 총량을 구하고 이것을 일할 수 있는 인구로 나누면 된다. 효율이 올라가면 연차적으로 노동시간을 줄이면 된다. 모두 일하되, 조금씩 일하면 앞에 말한 모순들이 대거 해소된다. 문제는 노동의 내용이다. 자본의 이윤 기준인가, 인간적 필요 기준인가, 이것이 핵심이다. 이 기준으로 경제의 구조개혁도 해야 하는데, 돈벌이 경제가 아닌 살림살이 경제를 위해 과감한 접근이 필요하다. 그 내용과 절차는 민주적으로 만들어야 한다. 다만 그 방향은 사람과 사람, 사람과 자연이 공생하는 '생태민주주의'다.

복지개혁의 핵심은 '사회 공공성 강화'이다. 지금 대한민국은 돈이 없어 복지가 안 되는 게 아니라 개념 없는 도둑만 너무 많아 복지가 안 된다. 앞에서 노동시간을 줄이자 했는데, 노동시간이 줄면 안 그래도 생활비가 부족해서 잔업, 철야, 특근을 해도 모자랄 판이라고 불평하는 경우가 있다. 이 경우에 대비한 것이 복지개혁이다. 대개 우리가 월수입에서 가장 많이 써야 하는 분야가 있다면, 주거비(집세), 교육비(양육), 의료비(건강), 노후(퇴직 후) 등이다. 그런데 이런 비용을 월급에서 충당할 게 아니라 평소에 내는 세금으로 충당하면 된다. 그래서 이런 비용들이 굳이 월급에서 빠져나가지 않는다면, 우리는 날마다 풍족하게 살 수 있다. 좋은 책이나 영화를 보거나 여행을 하거나 가족이나 친구를 만나 '한 턱' 쏘는 데 그 무슨 큰돈이 들겠는가? 특히 주거비는 싱가포르 사례를 참고하면 좋겠다. 싱가포르는 85%의 국민들에게 공공주택을 99년 동안 임대한다. 사실상 자기 집을 저렴하게 쓸 수 있다. 죽으면 돌려주면 그만이다. 15%의 부자들은 자가 주택을 소유하되, 대신 세금을 많이 낸다. 그러니 청년들도 집 걱정을 안 해도 된다. 교육비도 지금 한국은 사교육비만도 매년 30조에 이른다. 대학 학비도 만만찮다. 반값 등록금부터 시작해서 '5개년 계획'을 수차례 하면 무상교육이 가능하다. 이런 식으로 주거, 교육, 의료, 노후 문제를 개인이 아닌 사회가 공동의 책임감으로 풀면 된다.

　그러면 과연 세금은 어떻게 해야 하나? 가장 기본적으로 '많이 벌면 많이 내고 적게 벌면 적게 낸다'는 원칙을 지키면 된다. 최근 해마다 50조 내외의 '부자 감세'를 하는 바람에 적자 재정이 커졌다 한다. '부자 감세'나 법인세 인하를 원위치하고, 동시에 온갖 탈세와 누세를 제대로 잡아내면 재정적자도, 국가부채도 줄일 수 있다. 동시에 2025년 정부 예산(지출 규모)은 673조다. 이 엄청난 돈을 어떻게 빼먹을 것인지 탐구하는 도둑들이 너무 많다. 앞서 말한 국민들의 주거비, 교육비, 의료비, 노후 등 일상생활을 사회 공공성 차원으로 해결하도록 돈을 쓰면 된다. 하루아침에 안 되더라도 '5개년 계획'으로 될 때까지 하면 된다.

　농업개혁 내지 농촌개혁은 먼저 농민이 살기 좋게 해야 하는데, 농민 기본 소득과 유기농 농민 공무원제를 제안한다. 20%에 불과한 곡물자급률과 40% 내외인 식량자급률을 100%로 올려야 한다. 식량자급은 곧 식량안보다. 이를 통해 농어촌 공동체를 활성화하여, 도시보다 오히려 농어촌에 사는 게 삶의 질이나 행복도가 더 높게 만들어야 한다. 동시에 헌법 121조에 나오는 '경자유전의 원칙'을 실질적으로 살려서 부재지주를 근절하고 농사를 짓는 자가 농지를 소유하도록 개혁을 해야 한다. 최근 들어 농지 보존과 역행하는 방향으로 나라 정책이 잘못 가고 있는데(쌀농사 축소를 해야 보조금을 주는 행태), 이걸 바로잡아야 한다. 오히려 자급률 100% 달성을 위해 발상의 전환을 해야 한다. 농지는 없애기는 식은 죽 먹기지만 만드는 데는 오래 걸린다. 기후위기 등으로 식량생산에 어려움이 닥치면 손에 돈을 들고도 굶어야 한다. 폭동이 일어날 것이다. 한편, 일반 토지개혁을 통해 토지 소유의 '빈익빈 부익부' 현상을 타파해야 한다. 부자나 대기업들은 불필요하게 많은 토지를 소유하여 시세차익이나 임대료를 챙긴다. '불로소득' 기반의 '지대 자본주의'다. 이러한 농지개혁이나 토지개혁 모두 가능하게 만들기 위해서라도 땅과 집에 대한 투기 행위를 근절해야 한다. 나아가 국토 공개념(커먼즈)을 통해 그 수익은 국민에게 돌려주어야 한다.

물론, 이런 얘기는 거시적 차원의 틀 구조를 말하고 세부적인 내용들은 차분한 공부와 열린 토론을 통해 만들어가야 한다. 달리 말해, 시민들이 각종 선거에서 투표만 하고 끝낼 일이 아니다. 풀뿌리 민초들이 적극 참여하여 좋은 아이디어나 상상력을 발휘해야 한다. 그 좋은 아이디어들이 모이고 모여 여론과 언론의 힘을 매개로 마침내 '양심적이고 청렴한' 일꾼들을 통해 채택, 실행된다면, 바로 그때 우리는 비로소 '살기 좋은 나라'를 말할 수 있다.

이 모든 과정을 '법(法)'이란 단어를 써서 달리 표현해

보자. 요컨대, 지금 우리는 '무법천지(無法天地)' 상태 속에 있는데, 이것을 하루빨리 바로잡아야 한다. 사법기구가 정상적으로 작동하지 않는다면 광장의 목소리를 드높여야 한다. 특히 야당이 더욱 능동적으로 움직여야 한다. 그 다음, 정말 상식적이고 정상적인 사회를 만들어야 한다. 즉, 양심과 진실이 바로 서는 '준법사회(遵法社會)'를 제대로 세워내야 한다. (탐욕에 중독되지 않은) 누구나 합당하다고 말할 수 있는 그런 사회, 쉽진 않지만 불가능한 것도 아니다. 그에 뒤이어 우리는 '야단법석(野壇法席)' 즉, 열린 토론을 통해 정말 '살기 좋은 나라'를 만드는 데 적극 참여 (공부, 토론, 요구)해야 한다. 이 토론에는 당연히도 상품-화폐-자본이 만든 물신주의를 어떻게 극복할 것인가, 하는 문제도 포함된다. 물신주의를 극복해야 비로소 사람 냄새 나는 세상이 가능하기 때문이다. 최근 인기 드라마 〈폭싹 속았수다〉의 대사처럼, "상 차리는 사람보다 상을 다 엎을 사람"이 더 많이 나와야겠다. 과연 우리는 아무 두려움이나 주저함 없이 이 방향으로 신나게 내달릴 수 있을 것인가? 다시 강조하지만, 정치는 정치가만 하는 게 아니다!

명문(?)학교 출신의 부끄러움

창원중 시절(1974~1976), 공부를 쫌 한다는 이유로 모든 선생님들이 나를 사랑해 주셨다. 벌써 50년 전의 일이라 기억이 아련하지만, 당시 선생님들의 표정과 진심은 내 뇌리에 생생하게 살아 있다.

1961년 가을, 나는 마산시청 옆 중앙동 판자촌(현 우방 아파트 자리)에서 태어나 장군동을 거쳐 신월동에서 성장했다. 월영초등학교에서 산 쪽으로 오르다 보면 중턱에 있는 달동네였다. 부모님은 손바닥만 한 논밭에서 자급형 농사를 지으며 날품팔이로 생계를 이었다. 형들도 벌이가 시원찮았다. 그래서 선생님들 눈엔 공부를 쫌 하는 내가 '개천에서 용이 될' 걸로 보였을 것이다.

당시 어머니는 밭에서 나는 애호박이나 푸성귀 같은 걸 장군동 시장에서 팔아 매일 내 차비 30원을 대주셨다. 그런 사정을 알게 된 선생님들은 내게 각종 참고서와 문제집 같은 걸 건네주시면서 "수돌아, 마고 입시에서 꼭 수석 해라이!" 하며 용기와 격려를 주셨다. 학교는 학비 면제 장학금까지 주었다. 당시 선생님들 은혜는 그야말로 백골 난망이다. 감사한 일이다!

그러나 내가 이 얘기를 하는 까닭은 '내가 공부 쫌 했네.' 하려는 것이 아니다. 정말 '안타까운 점'을 조심스레 꺼내본다. 그 뒤 나는 마고에 차석 합격하고 (재수를 거쳐) 모두 선망하는 S대에 진학했지만, 그 어느 어른도 "출세하고 성공하라"는 말 외에, "우리 사회를 이런 식으로 고치면 좋겠다"란 말을 하지 '않으셨다!' 이제 60대 중반의 내가 보기엔, (학력, 기술, 경제 수준이 선진국인) 우리나라는 정치와 사회 수준에선 아직도 60년 전 수준이거나 오히려 퇴행해 왔다. 바로 이런 (개인의 성공만을 목표로 하고, 다 함께 잘 사는 법에 대해서는 고민하지 않는) 흐름들이 정말 뼈시리도록 안타깝고 아프다!

　우리 주변을 둘러보시라. 지방 명문고와 S대를 나온 사람들은 쉽게 정치경제의 엘리트(국회의원, 장관, 시장, 도지사, CEO, 판검사, 변호사 등)가 되고 '기득권층'이 된다. 누군가 특정 대학에 가거나 사법고시에 붙었다 하면 '개천에서 용이 났다'며 현수막이 붙고 언론에 널리 알려진다. 물론, 노력하고 노력해서 멋진 성취를 이룬 것 자체는 큰 박수 받아 마땅하다.
　그러나 진짜 중요한 건 '그다음' 아닌가? 명문학교를 나오고 사회적으로 영향력 있는 자리에 가게 되면, 아무 이해관계나 개인적 탐욕 없이 오로지 사회를 위해, 모두 행복한 나라를 만들기 위해 헌신해야 한다. 그렇게 하라고 선생님들이 물심양면 도와준 게 아닌가? 그러나 현실은 정말 부끄럽다, 명문(?) 출신들이여!

한편, 1960년 봄, 마산상고 신입생 김주열 군은 경찰 최루탄에 목숨을 잃어 4·19혁명의 계기가 됐다. 당시 마산상고, 마산고, 마산여고, 성지여고, 제일여상(제일여고) 등 학생들도 시위에 나섰다. 나는 언젠가 마산고 교정에 3·15의거 열사 김용실(19회), 김영준(21회) 두 학생의 흉상이 세워지고 의거 희생자 12명의 이름이 돌판에 새겨진 걸 보고 진심으로 기뻐한 적이 있다. 그들은 당시 고교생임에도 부정과 비리를 묵인하지 않고 정의로운 세상을 위해 떨치고 일어났다. 고교생으로선 대단한 용기였고 지혜였다. 오늘의 우리는 그들의 피와 땀과 눈물 위에 살고 있다. 이것을 잊어선 안 된다.

헨리 데이비드 소로와 마하트마 간디로부터 이어진 '비폭력 불복종' 정신, 이를 결코 잊어선 안 된다. 공부를 쫌 하는 학생들일수록, 사회적으로 성공하고 출세한 사람들일수록 정의감과 사명감을 가져야 한다. 그것이 그간의 은혜에 보답하고 떳떳하게 사는 길이다.

요컨대, 마산과 창원엔 명태균, 김영선 같은 인물들, 돈과 권력에 눈이 멀어 세상을 속이고 마침내 자신마저 속이는 속물만 있는 게 아니다. 이 얼마나 다행인가?

그래서 이런 제안을 하고 싶다. 탄핵 이후에 교육개혁을 어떻게 이뤄나갈 것인가 하는 질문과 관련해 나는 이렇게 말한다. 전반적으로 아이들의 꿈과 끼를 살리는 교육을 하기 위해 '개성 있는 평등화' 교육 체제를 만들자고 말이다. 만날 '교육은 100년지대계'라는 말만 100년째 하고 앉아 있을 일이 아니라 교육개혁 5개년 계획을 차곡차곡 진행해 20차 5개년 계획이 끝날 무렵이면 정말 '개성 있는 평등화' 교육이 완성돼 누구나 꿈꾸는 대로, 자기 내면의 자유 의지에 따라, 그리고 아무 생계 걱정 없이 공부하고 일하며 살 수 있는 사회를 만들면 좋겠다.

그러기 위해서라도 아이들이 오전에는 1) 헌법, 2) 근현대사, 3) 문학·철학, 4)자본주의를 필수 교과로 공부하고, 오후에는 체육과 동아리 활동을 통해 꿈을 키울 수 있는 그런 교과과정이 필요하다. 이러한 필수 교과에서는 '어떻게 살아야 민주시민으로 사는 것인지'에 대한 철학을 자연스럽게 터득하도록 도와줄 필요가 있겠다.

과연 우리는 '초등 의대반'이나 '유아 고시반' 같은 광기의 시대를 넘어 진정으로 사람이 사람답게 사는 세상, 또 그를 위해 아이들이 두려움 없이 꿈꾸는 세상을 만드는 길에 너도 나도 나설 수 있을까? '나부터' 변하고 '더불어' 변하면 세상은 변하지 말라 해도 변하게 되어 있다. 무엇이 두려운가?

변별력보다 분별력이 긴요한 우리 사회

"킬러 문항 탓에 사교육만 팽창했다", "공정 경쟁을 위해 사교육 이권 카르텔을 혁파해야 한다…" 벌써 기억에도 희미한, 윤석열 대통령과 정부·여당 쪽 발언들이다. 그러나 보수 우파들만 이런 얘기를 하는 게 아니다.

"대통령이 대한민국 교육의 최대 리스크다", "핵심은 '성적 줄세우기'와 '경쟁 교육'인데, '킬러 문항'만 배제하는 건 본질을 회피하는 것…" 이재명 민주당 대표 등 야당과 시민사회진영 쪽 발언들이다. 얼핏, 여야가 교육 문제로 수렴하는 듯하다.

과연 '킬러 문항'은 무엇이고 한국 교육문제의 핵심은 무엇인가? '킬러 문항'은 특히 대학 입시와 관련해서 최우수 학생과 그렇지 않은 학생을 가르는, 매우 까다로운 시험문제를 뜻한다. 이른바 '변별력' 있는 문제!

'변별력'에 대한 나 자신의 경험이 있다. 약 50년 전 중학생 때였다. 중간·기말고사에서 좋은 성적을 얻고자 극도로 열심히 공부했다. 그런데 막상 시험문제를 받고는 '이럴 밖에야 공부 안 해도 다 맞겠는 걸! 선생님은 왜 이렇게 쉬운 문제로 그간의 내 고생을 헛수고로 만드나?'라며 혼자 불평했다. 소위 '킬러 문항'이 없었던 것! 그러나 그런 나의 오만함은 두 가지 계기로 사라졌다.

첫 번째는 1979년 예비고사에 이어 1980년 초 대입 본고사에서 보란 듯 낙방한 일! 나름 열심히 했기에 거뜬히 합격하리라 장담했건만, 담임선생님의 "아직도 네 이름이 (합격자 명단에) 안 들어오네!"란 말에 멘붕이 왔다. 그 뒤로 나는 오만함을 지극히 경계한다.

두 번째는 1981년 대학생이 된 뒤 '군부독재 타도와 민주화 운동'에 피라미 역할을 하면서 세상 보는 눈이 달라진 것! 그동안 내 가치관은 공부해서 좋은 대학 가고, 좋은 곳에 취업해 남부럽지 않게 살자는, 보통의 물신주의였다! 그러나 알고 보니, 사회구조는 극히 불평등하고 차별적이었다. 설사 내가 출세해도 누군가는 저 아래서 허덕이는 구조! 마치 노예와 주인의 자리가 바뀌어도 노예제는 여전히 존속하는 이치! 이 깨달음에 이르자 마지막 남은 오만함도 녹아내렸다. 동학의 '인내천(사람이 곧 하늘)'처럼 모두 존중받는 사회를 만드는 데 일조하는 게 내 삶의 지향이 됐다.

요컨대, 핵심은 변별력이 아니라 '분별력'이다. 분별력이란 무엇인가? 변별력이 최우수 학생과 아닌 학생을 구분하는 차별화의 힘이라면, 분별력이란 참과 거짓, 옳고 그름, 의미와 무의미를 헤아리는 지혜의 힘이다.

소설가이자 극작가 안톤 체호프(1860~1904)의 단편

중에 「굽은 거울」이 있다. 조상 대대로 물려받은 낡은 집, 주인공과 아내가 들어서니 쥐들이 놀랄 정도다. 낡은 벽에는 선조들 초상화가 여럿 걸렸다. 특히 증조할머니의 몰골 흉한 초상이 눈에 띄는데, 그 옆엔 거울이 있다. 검은 청동테가 둘린 제법 큰 거울! 할머니는 거금을 들여 이 거울을 산 뒤 죽을 때까지 손에서 놓지 않았다. 식사자리 잠자리에서도 애착했다. 관 속에다 넣어 달라 유언할 정도로 마술 같은 거울! 주인공이 수북한 먼지를 털어내고 거울 속을 봤다가 곧장 크게 웃었다.

알고 보니, 그 거울은 굽어 있어 얼굴을 온통 찌그러뜨렸다. 코는 왼뺨에 붙었고 턱은 둘로 갈라져 삐죽 나왔다. 누가 봐도 웃겼다. 이에 아내가 궁금해 거울 속을 본다. 갑자기 아내는 얼굴이 창백해지고 몸을 떨다가 비명과 함께 정신을 잃었다. 꼬박 하루 뒤 정신을 차렸다. 1주일 내내 아내는 식사도 거부하며 거울을 요구했다. 자칫 '큰일 난다'는 의사 말에 주인공이 거울을 주었다.

그러자 아내는 행복하게 웃으며 거울을 껴안고 입도 맞춘다. "그래, 이건 나야. 모두 다 거짓말을 해도 이 거울은 정직해!"라며…. 이 굽은 거울에 주인공은 "하하하!" 거칠게 웃은 반면, 행복에 젖은 아내는 "난 정말 아름다워!"라 속삭였다. 굽은 거울의 불편한 진실!

이 짧은 얘기엔 변별력과 분별력 문제가 모두 들어 있다. 정확하진 않아도 굽은 거울은 외모를 정반대로 '변별'

한다. 스스로 굽었기에, 잘생긴 얼굴은 못난이로, 몰골이 이상할수록 멋진 얼굴로 재현했다. 반면, 주인공은 '분별' 있는 이, 그 아내나 증조할머니는 분별 없는 이다. 체호프의 이 '굽은 거울'은 우리 교육에 어떤 시사를 주는가?

첫째, 대학입시를 위한 수능시험 자체가 '굽은 거울'이다. 원래 교육이란 내면의 잠재력을 끌어내 사회적 자아실현을 돕는 과정이다. 그러나 지금 자본주의 교육은 돈벌이에 필요한 노동력을 위해 노동능력과 노동의욕만 북돋을 뿐! 양심적이고 당당한 인격체로 살고자 할수록 현 교육에선 저평가되고, 그와 무관하게 우수 노동력의 자질을 갖출수록 고평가된다. 그러니 교육시스템 자체가 '굽은 거울'이다!

둘째, 수능시험에서 '킬러 문항'을 없애 사교육 카르텔을 막아야 한다는 말이 진정 교육을 고뇌하는 맥락이라면, 단순히 '변별력' 논란에 머물 게 아니라 교육의 총체적 변화를 도모해야 했다. 그 변화란 모든 아이가 나름의 개성(재미, 재주, 의미)을 존중받고 그 잠재력 증진을 위한 실력향상 과정에 공적 지원을 받으며, 무슨 대학 어떤 학과를 나와도 사람답게 대우받는 삶의 구조를 만드는 것! 단순한 '킬러 문항'을 둘러싼 '변별력' 시비를 넘어 참된 교육혁명을 논하는 '분별력'이 그래서 절실하다. 인간다운 삶은 결코 돈과 지위가 아니니!

셋째, 사리를 정확히 판단하고 옳은 방향으로 근본 해

법을 추구하는 힘인 '분별력'을 도외시한 채, 오로지 타인보다 우위에 서려는 '변별력' 테스트에서 승승장구한 이들을 보라. 분별력의 빈곤! 일례로, 핵발전소 방사능 폐수를 "잘 정화되면 얼마든 마실 수 있다"는 학자들, "쓸데없는 괴담으로 불안하게 한다"는 정치가, "누구 말이 옳은지 모르겠다"는 어른들, 이 모두 '변별력' 교육의 피해자들이다. '분별력' 있는 느낌, 생각, 판단, 행동의 시간들을 오지게 도둑맞은 결과다.

지금부터라도 오만한 엘리트주의 사고와 정치경제적 계산을 버리고 사람답게 사는 법을 고민하시라. 교육, 노동, 경제, 농사, 생태, 지구, 평화, 생존…. 삶의 모든 영역에서 '변별력' 아닌 '분별력'이 절박하다. 도시의 밝은 빛에 도둑맞은 밤을 되찾듯, 우수 노동력 선발 교육에 도둑맞은 분별력을 되찾아야 한다. 돈과 권력이라는 물신에 젖은 사회 전반의 '굽은 거울'을 과감히 깨부수는 분별력만이 희망의 열쇠다. 교육을 출세의 도구로, 계급 지배의 재생산 도구로 활용해선 곤란하다는 얘기다. 돈 많은 아이들이 온갖 과외와 학원, 문제지들로 좋은 성적을 거두고 돈 없는 아이들은 뒤처질 수밖에 없는 게임은 그만두어야 한다. 또, 시험 치고 나면 모두 까먹고 마는, '기억력 테스트'라는 고급 코미디는 즉각 그만둬야 한다.

오히려 참된 교육을 통해 만인이 자유롭고 평등하며 우애로운 인격체, 사회적·역사적 책임을 느끼는 집단 주체

로 거듭날 수 있어야 한다. 과연 우리 자신은 이런 방향에
진심으로 동의하는가? 변별력은 차별을 정당화하는 기제
이지만, 분별력은 그런 교육이 올바르지 못하다는 깨달음
이다.

이 혼란한 시대를 돌파하는 눈, 중독 이론

12·3 쿠데타도 이상했지만, 그 이후 처리 과정 또한 참 이상하게 흘러왔다. 2025년 4월 4일 헌재에서 마침내 내란 수괴 윤석열을 파면했지만, 이걸로 끝날 일만은 아니란 얘기다. 그래서 '중독 이론'이란 걸 들여다본다.

중독 이론은 원래 개인 중독자의 '이상한' 행위를 설명하기 위해 탄생했다. 일례로, 마음의 고통(외로움, 괴로움, 두려움, 공허함 등)이 심한 사람들이 그 고통을 달래고자 알코올에 상습적으로 의존하면 갈수록 도수를 높여 나가게 된다. 강박적 의존과 내성 증가가 원인이다. 만일 이 사람이 술을 끊으면 금단증상(손 떨림, 머리 아픔, 무기력, 불안 등)으로 괴로워 또다시 술을 마신다. 그러면 일시적이나마 고통을 잊고 쾌감을 느낀다. 이게 중독이다.

그러면 사람들은 왜 마음의 고통을 겪게 되는가? 그 뿌리를 더듬어 가면 우리는 폭력이나 끔찍한 경험과 마주친다. 어린아이의 경우, 부모나 어른의 '조건 없는 사랑'이 결핍되면 이것이 아이에겐 폭력 내지 끔찍한 경험이 된다. 이 폭력적 상황이 당사자에게 자기도 모르는 사이에 마음의 상처(트라우마)를 남긴다. 이 상처와 함께 붙는 것이 두려움(공포)이다. 죽음에 대한 두려움, 배제에 대한 두려움, 버려짐에 대한 두려움, 낙인에 대한 두려움, 차별에 대한 두려움, 뒤처짐에 대한 두려움 등이다. 알고 보면 누구나 이런 저런 두려움에 '쩔어' 산다. 모두, 폭력 내지 결핍된 사랑의 결과다. 그러나 이 두려움은 결코 유쾌하지도 않고 남에게 드러내고 싶지도 않다. '겁쟁이' 또는 '나약함'이라는 낙인이 두렵기 때문!

그래서 사람들은 이 두려움을 억압, 회피, 은폐하고 싶은 충동을 느낀다. 이 충동은 강렬한 욕망으로 발전하기도 하는데, 이것이 일정한 사회적 관계 속에서 사는 우리들에게 왜곡된 생명 욕망으로 나타난다. 즉, 한편에선 두려움, 회피, 욕망이, 다른 편에서는 왜곡된 생명 욕망이 피어나 서로 결합하여 마침내 중독 행위로 나타나게 된다. 일례로, 알코올 중독은 (괴로움 내지) 두려움 회피 욕망과 쾌감 추구 욕망이 결합돼 나타난다. 또, 일중독은 (낙오와 배제의) 두려움 회피 욕망에다 (성과나 능력) 인정 욕망이 결합해 생긴다.

이런 개인적 중독 이론을 조직이나 사회에도 적용할 수 있다. 조직이나 사회 전체가 개별 중독자처럼 행위(느낌, 생각, 행동)할 수 있다는 것! 가장 대표적인 것이 윤석열과 연관된 정부 조직, 검찰 조직, 법원 조직이다. 정부 조직은 (알코올 중독자이자 권력 중독자인) 윤석열의 눈치를 보며 '아니오'라고 말해야 하는 시기에도 '아니오'라는 말을 하지 못하고 그저 눈치만 보았다. 검찰 조직 역시 윤석열이 검찰총장이던 당시에 더욱 중독 조직이 되었다. 말로는 '법과 원칙'을 내세우나 실제로는 '돈과 권력'에 따라 움직였다. 이상한 행위를 하면서도 자기들끼리는 '정상'이라 믿고, 비판자들을 '반국가세력'으로 매도했다. 언론은 동반중독자(공범)가 되었다.

같은 맥락에서 법원 조직들조차 중독 조직이 되었다. 내란 수괴를 '탈옥'시키거나 윤석열 탄핵 선고도 한 달 이상 지연한 것은 칼칼한 '제정신'으로 판단하지 못했다는 증거다. 최고 학부를 나오고 고시를 통과한 전문가들이 '법과 양심, 원칙'에 따른 판결도 단호히 내리지 못한다면 그 누가 신뢰하겠는가? 그동안 부정부패와 무능, 무책임과 직무유기, 직권남용 등의 죄가 명백해도 감사원장, 일부 검사들, 국무총리까지 아무 문제가 없다고 판단하다니!

그나마 2025년 4월 4일, 헌재가 전원 일치 의견으로 "피청구인 대통령 윤석열을 파면한다"고 선고함으로써 체면 유지는 했다. 천만 다행이다. 그러나 이는 수백만 국민들이 매일 또는 매 주일 광장에 나가 외침으로써 이룬 성과이지, 법 전문가들의 단독 결론은 아니다. 깨시민의 광장 민주주의가 없었다면, 검찰 캐비넷을 두려워하는 법관들이 어떻게 '감히' 대통령을 파면했겠는가?

이런 점에서 탄핵 이후 우리가 만들 세상은 중독 개인,

중독 조직, 중독 사회를 청산하는 것이어야 한다. '사회 건강성' 회복을 위해선 우리가 무엇에 어떻게 중독돼 사는지 깊이 성찰해야 한다. 그래서 또 외친다, "내란당을 깨끗이 청소하자!!!"

끝으로 하나의 문제가 남는다. 중독 개인, 중독 조직, 중독 사회의 근본 뿌리가 된, 폭력적 경험과 그로 인한 트라우마다. 폭력적 상황이야 이미 지난 과거이고 결코 되돌릴 수 없지만, 그것으로 인해 우리 마음 깊이 새겨진 개인적, 집단적 트라우마는 쉽사리 지워지지 않고 끝까지 살아남아 수시로 우리를 괴롭힌다. 달리 말해, 새로운 변화, 새로운 민주주의를 만들어가야 할 우리 인간 주체들이 이 트라우마를 건강하게 극복하지 못하는 한, 온갖 두려움에 시달리며 대체로 '상품 주체' 즉, 상호 경쟁하는 노동자나 소비자의 모습만 반복할 것이기 때문이다.

따라서 우리는 그간의 광장 민주주의로부터 배운 공감과 연대의 정치를 트라우마와 그로 인한 집단 두려움을 적극 치유하는 데 적용할 필요가 있다. 내 나름 정리한 '치유의 정치'는 이런 것이다.

첫째, 현재 우리가 사회경제적으로 경험하는 온갖 모순이나 부조리를 제대로 극복하기 위해선 '탈(脫) 자본, 진(進) 생명'의 철학을 널리 공유해야 하는데, 여전히 우리 대다수는 이 대안적 방향에 대해 모종의 두려움을 느낀다. 바로 이런 점이야말로 우리가 집단 트라우마에 시달리고 있다는 직접적 증거이기에 이 '불편한 진실'을 회피하거나 외면하려 하지 말고 오히려 응시, 대면, 직시, 직면하려고 노력할 필요가 있다.

둘째, 우리의 집단 트라우마로 인한 집단 두려움은 결코 개인적 노력에 의해 극복될 수 없다. 따라서 치유 역시 집단적으로 이뤄져야 한다. 광장에서 함께 웃고 함께 울며 함께 걷는 과정이야말로 집단 치유의 지름길이다. 이를 '광장 요법'이라 해보자. 광장 요법을 통해 우리는 서로가 서로에게 "그것은 당신의 잘못이 아니다"라고 말할 수 있으며, "당신은 결코 혼자가 아니다"라고 말할 수 있다. 그리하여 서로가 서로에게 힘이 되는 경험을 하게 된다. 그 사이에 우리는 자기도 모르게 내면의 두려움이 현저히 줄어드는 체험을 하고 스스로 놀라게 된다.

셋째, 그동안 우리는 주류 내지 중심으로 상승(출세와 성공)하는 것에 목숨을 걸었다 해도 과언이 아니다. 그러나 냉정히 따지고 보면 우리는 성공해도 실패요, 실패하면 낭패가 되는 그런 잘못된 게임을 하고 있었다. 따라서 지금부터라도 우리는 성패와 무관하게 남과 여, 노와 소가 하나가 되어 전혀 새로운 길을 걸어야 한다. 지금까지와는 전혀 다른 세상을 꿈꾸고 실험하는 가운데, 새로운 가족, 새로운 이웃, 새로운 공동체를 창조할 수 있다. 그 과정에서 국내외의 선진 사례들(예컨대, 2008년 에콰도르

의 '생태 헌법'이나 1990년대 이후 스페인의 '마리날레다' 사례)
은 우리에게 큰 힘이 될 수 있다. 이 모두, 집단 치유의 길
에 해당한다.

넷째, 광장 요법이라고 해서 늘 깃발 들고 광장에 나가
는 것만을 뜻하진 않는다. 그와 더불어 우리는 마을마다
지역마다 둥그렇게 둘러앉아 '세상 공부'를 시작해야 한
다. 세상 공부는 진학 내지 취업 공부와는 달리 끝이 없고
정답이 없다. 하지만 우리가 공동으로 지향해야 할 방향
성은 있다. 그것은 사람과 사람, 사람과 자연이 함께 사는
길(생태민주주의)이다. 그래야 행복해지기 때문이다. 따라
서 한편에서는 자본주의 공부를 체계적으로 해 나가야 하
고, 다른 편에선 『녹색평론』 같은 교양지를 통해 근본적
'시스템 전환'을 위한 새 아이디어를 부단히 얻고 실험할
수 있어야 한다.

다섯째, 이 모든 광장 요법의 실천과 생태민주주의적
목표를 추구하기 위해서라도 우리 각자는 스스로 자율적
이고 독립된 존재가 아닌 '서로 연결된 존재'라는 새로운
자기 이해를 공유할 필요가 있다. 완전히 독립적인 개인
은 현실에서 결코 있을 수 없으며, 만일 있다면 그것은 '상
품 주체'로 존재할 때이다. '우리는 더불어 존재하는 개인'
이라는 새로운 철학에 토대하여 우리 각자는 늘 주변과의
관계 속에서 겸허히 공생하도록 노력해야 한다. 그리하여
서로가 서로에게 위로가 되고 힘이 되는 관계를 적극 만

들어가야 한다. 이런 의미에서 "우리가 남이가?"라는 질문을 새로운 맥락 속에 던질 필요가 있다. 이런 질문을 늘 가슴에 품고 겸손하게 살며 서로에게 감사하는 것이 곧 생태민주주의를 구현하는 지름길이다.

II

무엇이, 어떻게,
뒤틀려 있는가?

민주주의의 영혼 없는 적들

과연 '자유(自由)'를 강조하던 대통령다웠다. 자유롭게 '비상계엄'을 선포했고, 자유롭게 해제했으며, 자유롭게 사과했다. 그리고 자유롭게 권력을 "우리(?) 당"과 국무총리에게 넘긴다 했다. 그러니 책임지는 자세로부터도 자유롭다. 검사 출신 대통령 윤석열, 그에게 자유란 그리도 가벼운 것인가? 이것이 그가 그토록 숭상한 '자유민주주의'인가? 그의 영혼은 어디로 갔는가?

내가 보기에, 대통령과 그를 낳은 국힘당은 '스스로 말미암는다'는 자유(自由)의 진의도 잘 모른 채, 자유를 철저히 오남용하기만 했다. 18세기 프랑스혁명 이후 자유란 한편에서는 신분적 제약으로부터의 자유, 다른 편에서는 돈벌이의 자유였다. 결국은 자본(資本)의 자유로 수렴됐다.

그러나 적어도 유럽의 '68 혁명' 이후, 자유란 모든 억압으로부터의 자유와 해방을 뜻했다. 이는 외적 억압이나 구속으로부터의 자유와 함께 인간 내면의 자유까지 포함한다. 어쩌면 이 '내면'의 자유, '영혼'의 자유야말로 자유에 대한 가장 본질적인 측면일 것이다. 왜냐하면 자유란

'스스로 말미암는' 것이니까. "나는 눈과 귀와 혀를 빼앗겼지만 내 영혼을 잃지 않았기에 그 모든 것을 가진 것이나 마찬가지"라 노래했던 헬렌 켈러(1880~1968)야말로 자유의 본질을 잘 드러낸 이가 아닌가 한다.

'12·3 (친위)쿠데타'라 불러 마땅한 '비상계엄'이 12월 3일 22시 25분경 선포됐다. "피를 토하는 심정으로" 계엄령을 내렸다 했다. 살얼음판을 걷던 최근 정국의 흐름에 촉각을 곤두세웠던 나로서는 '마침내 올 게 왔다!' 싶었다. 윤석열의 자유, 대통령의 자유는 국민이나 시민의 공포에 다름 아니었다. 특정 권력자나 기득권층에만 허용되는 자유는 자유가 아니라 방종이다. 그들이 말하는 자유민주주의란 돈벌이의 자유, 자본의 자유, 권력층의 자유일 뿐이다.

다행히 헌법 77조 1항은 "전시, 사변, 비상사태"에만 비상계엄이 가능하다 했고, 5항은 "국회가 재적의원 과반수의 찬성으로 계엄 해제를 요구한 때에는 대통령은 이를 해제해야 한다"고 돼 있어, 야당의 역할이 긴요하다 싶었다.

동시에 내 머릿속에는 내가 고3이던 1979년 10월 20일경 경남 마산 일대의 '위수령'이 떠올랐고 군인과 탱크가 도시를 장악하던 무서운 풍경도 살아났다. 당시 부산에선 10월 18일부터 '비상계엄'이었고 부산대 학생들의 반정부 시위가 불붙던 시기였다. 10월 16일부터 20일까지 전개된 '부마항쟁', 그 연장선인 10·26 사태로 박정희 군사독재가 끝났다. 영화 〈서울의 봄〉(김성수 감독)에 나오듯, 전두환, 노태우 등 신군부(육사 출신 '하나회' 중심)에 의한 12·12 쿠데타, 그리고 1980년의 5·17 비상계엄 전국 확대, 그에 이은 5월 18일에서 27일까지의 광주항쟁까지 머릿속에 생생히 떠올랐다.

아니나 다를까, 마치 부마항쟁이나 광주항쟁이 재현되듯, '서울항쟁'이 45년 만에 타올랐다. 22시 30분경 윤석열의 비상계엄 선포를 본 이재명 민주당 대표는 본능적 위기감으로 "국회 집결!" 구호와 함께 셀프-유튜브 방송도 하며 국회 담을 거뜬히 넘었다. 경찰 추산 4천여 시민들과 민주 유튜버들도 국회로 달려갔다. 헬기에서 내린 무장 계엄군이 국회 본청 진입을 시도했으나, 여야 의원 190명들보다 빠르지 못했고 거센 시민 저항에 주춤했다. 그중 언론인이자 민주당 부대변인 안귀령 씨가 국회 앞에서 특전단의 총을 잡고 "부끄럽지도 않냐?"며 저항한 장면이 외신을 타고 세계로 퍼졌다.

다행히 이미 많은 국회의원들이 여의도 본회의장에 모여 (헌법 77조 5항을 근거로) 비상계엄 해제 결의안을 상정했고, 즉시 190명 전원 찬성(민주당 153, 국힘당 18, 조국당 12, 정의당 2, 무소속 2, 기본소득 1, 개혁신당 1, 사민당 1)으로 가결했다. 계엄 선포 3시간도 채 안 된, 익일 새벽 1시경(미국 워싱턴 시계로 12월 3일 오전 11시경)이었다. 미 국무

부도 한국 대통령실에 "윤 대통령이 국회의원들의 계엄령 해제 표결을 존중하길 바란다"고 발표했다.

이에 윤석열은 "피를 토하는 심정으로" 선포한 비상계엄을 불과 5시간 만에(새벽 4시 반) "국회 요구를 수용, 계엄을 해제"한다 했다. 5천만 국민의 87%가 계엄 반대 분위기였으니! 그 3일 뒤(12월 7일) 오전엔 사과문을 내고 "이번 비상계엄 선포는 국정 최종 책임자인 대통령으로서의 절박함에서 비롯되었습니다. 하지만 그 과정에서 국민들께 불안과 불편을 끼쳐드렸습니다. 매우 송구스럽게 생각하며 많이 놀라셨을 국민 여러분께 진심으로 사과드립니다"라고 했다. 또 이제야 영혼이 돌아온 듯, "저의 임기를 포함, 앞으로의 정국 안정 방안은 우리 당에 일임"하겠다며 몸을 낮추었다. 지난 10월 말, '김건희 공천 개입 의혹'과 '여론 조작'의 핵심 인물 명태균이 윤석열을 두고 "권총 든 다섯 살짜리 꼬마"라며 자기가 "살기 위해 대통령이 됐다"고 한 건 결코 과장이 아니었다. 그렇게 윤석열은 '내란 수괴' 피의자가 됐고 마침내 2025년 4월 4일 헌법재판소에서 대통령 자격을 잃었다.

2024년 12월부터 꼬박 넉 달 동안 수천만 시민들은 놀란 가슴을 쓸어내렸다. '윤석열의 123일 천하'는 2025년 4월, 헌법재판소의 8:0 전원 일치 판결("피청구인 대통령 윤석열을 파면한다.")로 끝이 났다. 우여곡절도 많았지만, 피 한 방울 흘리지 않고 내란 즉, 친위 쿠데타가 종식된 건 그나마 다행이다. 사실, 나는 2024년 12월 7일의 윤석열 사과문 발표 때 윤석열이 '내가 이러려고 대통령을 했나, 자괴감이 든다'며 '바로 지금 대통령직을 내려놓는다'고 할 줄 알았다. 그러나 그것은 진심이나 영혼이 없는 사과문에 불과했고, 엄밀히 말하면 '변명문'이었다.

그러나 과연 이게 끝일까? 전혀 아니다! 여전히 권력중독자들은 권력이라는 중독물을 끊지 못한다. 중독자가 살아 있을 때 사생결단으로 중독물을 철저히 단절하지 못하면, 중독자 자신이 죽어야 비로소 중독이 끝난다. 중독의 냉정한 원리다!

먼저, 윤석열 정부(2022.5.~2025.4.)에서 보수 여당 역할을 해온 '국힘당'의 권력 중독 현상을 잠시 살펴보자. 일례로, 2024년 12월 7일 오후 5시, 국회에서 김건희 특검법과 윤석열 탄핵안이 상정됐다. 그날 오전에 있었던 '대통령 사과문'은 진정한 참회나 반성이 아닌, 오후의 국회 의결이 민주당 의도대로 관철되지 못하게 막는 사전 포석에 불과했다. '이제 나는 대통령 놀이를 그만둘 테니, 제발 마누라와 나는 살려 줘!'라는 메시지! 국민의힘 정당(?)은 그 말귀를 제대로 알아듣고 협조했다. 즉, 국힘당 의원들은 똘똘 뭉쳐 민주당 주도의 김건희 특검법과 윤석열 탄핵안을 비열하게 막았다. 절체절명의 본회의가 열리던 도중 '긴급 의총'을 열어 100만 시위대의 눈을 피한 것은 국회 표결을 사실상 방해한 행위, 달리 보면 윤석열의 내란죄를 방조, 묵인한 행위다. 이들은 말로는 국민을 위한 정치를 한다면서도 국민을 위한 민주주의를 망치는 데 앞장서고 있다. 도무지 정치 정당이라 보기 어렵다. 잘 봐도 그들은 정당을 돈벌이와 권력을 위한 비즈니스 정도로 생각하는 듯하다. 심하게는, 불의한 검찰 조직과 마찬가지로 '집단범죄조직'으로 보일 때가 많다. 따라서 이런 부패 카르텔을 하루빨리 제거해야 나라가 바로 설 것이다. 정직하고 성실한 사람들이 피해를 보는 사회, 반면에 부패하고 약삭빠른 자들이 이득을 보는 사회는 결코 정의롭지도 못하고 민주주의도 아니다.

　홍장원 국정원 1차장 및 곽종근 특전사령관의 양심고백에 따르면, 국회에 급파된 대테러부대는 "국회의원이 150명 넘으면 안 된다. 끌어내라"는 지시를 수차례 받았다 한다. 또 계엄 직후 윤석열은 국정원에 전화해 "이번 기회에 싹 다 잡아들여라"고 지시하며 명단을 줬는데, 그 안엔 우원식 국회의장, 이재명 민주당 대표, 한동훈 국힘당 대표, 민주당 박찬대 원내대표, 김민석 최고위원, 정청래 의원, 조국 조국혁신당 대표, 양경수 민주노총위원장, 방송인 김어준, 김명수 전 대법원장, 권순일 전 대법관, 김민웅 촛불행동 대표 등이 있었다. 홍 차장과 곽 사령관은 영화 〈서울의 봄〉에 나오는 이태신 수경사령관, 공수혁 특전사령관 같은 인격체였다. '상부 지시 무조건 복종' 아닌, '부당 지시엔 불복종'해야 영혼을 팔지 않은 참사람이다.

특히 곽종근 특전사령관은 국회에 나와 자백하길, "대통령으로부터 (비화폰으로) 직접 지시를 받았는데 '의결정족수가 차기 전에 국회 문을 깨부수고 들어가 의원들을 끌어내라'고 했다"고 했다. 온갖 협박과 회유에도 흔들리지 않은 곽 사령관과 그 부인은 정말 존경스럽다. 나아가 김대우 방첩사 수사단장도 "여인형 방첩사령관이 지시하길 14명 요인들을 체포 후에 수방사 지하 벙커에 가두라 했다"고 자백했다. 2024년 12월부터 2025년 4월까지 정말 '큰일'이 일어날 뻔했던 것이다.

하여간 그렇게 윤석열의 시간이 끝나는 듯하더니, 다음엔 한동훈의 시간이 시작됐다. 국힘당 대표 한동훈과 국무총리 한덕수는 2024년 12월 8일 오전, 공동 담화문(한-한 담화문)을 발표했다. 실은 이것조차 위헌으로 보인다.

이들은 더 이상 대통령직 수행이 어려운 윤석열의 "질서 있는 조기 퇴진"을 위해 "국민의힘 당대표와 국무총리의 회동을 정례화"함으로써 "오로지 국민만 생각하며 현재 사태 수습하고 대한민국을 바로 세우겠다"고 했다. 누가 그렇게 하라 한 것도 아닌데, 자기들끼리 국민을 속이며 카르텔을 형성하려 했던 것이다.

이에 (민주당) 우원식 국회의장은 '누구 맘대로?'라는 듯, 즉각 반박문을 내고 한동훈-한덕수 공동 담화문에는 "헌법도 없고 국민도 없다"고 비판했다. "권력은 대통령

주머니 속에 있는 것이 아니"라는 것! 나아가 맘대로 권력 놀이를 할 게 아니라는 취지로 "대통령의 직무를 즉각 중단시키기 위한 여야 회담"을 제안했다.

대통령 직무정지, 그렇다! 스스로 물러나든지 아니면 탄핵으로 이 사태를 종식시키는 게 답이었다. 약 3년만 시계를 돌려보라. (명태균식) 불법적 여론조사에 토대한 부정 선거로 권력을 장악한 윤석열, 그 한 사람이 선거 형식을 빌려 탄생하더니 ("내가 정권 잡으면"으로 유명한, 김건희가 나오는 다큐 영화, 〈퍼스트레이디〉에 나오듯) 실제 대통령은 '1+1'로 드러났다(김건희+윤석열).

나아가 도처에 검찰 출신을 기용해 '검찰 공화국'을 만들었다. 해마다 600조 넘는 혈세로 구성되는 예산을 예사로 낭비하거나 빼돌리는 조직 범죄자들이 만연하다. 동시에 이재명 민주당 대표는 다각도로 죽이려 했다. 이 기괴한 행태에 저항하는 야당과 민주시민들을 "반국가세력"으로 몰아 "깡그리 처단"하려 한 것이 이번 사태의 본질이었다. 그리고 이제 윤석열의 '5일 천하'가 끝나니 한동훈과 한덕수가 다시 '대통령 놀이'를 하려 했다. 21세기 대한민국 대통령은 '1+3'이던가?

그러나 갈수록 드러나는바, 비상계엄은 결코 우발적·즉흥적인 게 아니라 1~2년 전부터 체계적으로 준비된 것이었다. 아니, 문재인 정부 아래 윤석열 검찰총장 시절 때부터 준비된 게 아닌가 싶다.

윤석열과 국힘당은 주요 인사들을 감금하고 선관위까지 털어 '부정선거' 논란으로 국회를 해산하려 했다. 국회 의결로 계엄이 중단되자 2차 계엄까지 검토했다. 그리고 "TV에서 처음 계엄 사실을 알게 됐다"던 군 장성들의 말은 전부 거짓으로 판명됐다. 심지어 오물풍선-드론 사태나 우크라-러시아 전쟁 파견병 문제들도 결국은 신판 '북풍' 조작으로 계엄을 정당화하기 위한 수단이었다. 또 윤통은 '가짜 출근'까지 하며, 결코 2선으로 물러나지도 않았다.

요컨대, 이번 사태는 단지 특이한 일탈행위가 아닌, 돈과 권력에 중독된 자들이 벌인 조직적 중독 행위(내지 중독 시스템)의 본질을 드러낸 사례로 보는 게 정확하다. 이 중독 행위 내지 중독 시스템을 과연 다시 건강하게 만들 수 있을까? 결코 쉽진 않지만 불가능한 것도 아니다.

첫째, 내란 수괴와 공범들, 즉 민주주의의 영혼 없는 적들을 철저히 단죄함(감형 없는 무기징역)과 동시에 쿠데타 사태의 총체적 진실을 국민 앞에 낱낱이 밝혀야 한다. 검찰에 구속된 김용현식 '자살 소동'이나 '나 혼자 다 안고 가기' 식의 꼼수와 꼬리 자르기 수법에 절대 속으면 안 된다. 특히 이번 기회에 기회주의적인 검찰과 언론을 근본 개혁해, 오직 정의와 민주주의에 헌신하게 해야 한다. '법과 양심'을 속이는 검찰을 철저히 바꿔 정의로운 검찰로 거듭나야 한다.

둘째, 〈서울의 봄〉에 나온, 12·12 쿠데타의 핵심인 육사 출신 '하나회' 같은 사조직을 근절해야 한다. 이번 사태엔 육사 출신 인맥, 대통령의 충암고 인맥, 대통령의 검찰 인맥, 대통령의 대학 인맥이 주요 배경이었다. 이런 식의 개인적 네트워크를 통해 권력의 사유화, 행정의 사유화, 헌법의 사유화를 추구했던 게 이번 내란 사태다. 또, 윤석열이 2022년 당선 직후부터 민주노총 중심의 노동조합들을 상대로 입에 거품을 물며 척결해야 한다고 했던 바로 그 '카르텔'의 핵심에 본인과 부인이 있었다! 따라서 모든 기득권 구조와 부패 카르텔을 철저히 타파해야 나라가 산다.

셋째, 대통령을 비롯한 중앙집권식 권력 구조를 제대로 분권화하여, 지역이나 마을 단위의 자치조직들이 실질적 민주 권력을 행사할 수 있게 해야 한다. 이보 모슬리는 『민중의 이름으로』에서 "선거 대의제는, 민주적 정부가 아니라 과두정과 관료체제를 확립하는 수단에 불과하다"고 일갈했다. 그래서 예컨대, 마을자치를 기본으로 하되, '전국이장연합회'가 나라 전반을 논의하는 구도를 만들면 좋겠다. 마을자치나 지역자치를 증진하기 위해서는 각종 민회, 시민회의, 시민의회 같은 움직임들이 더 왕성하게 나오면 좋겠다. 깨시민들이 나서고 뭉치면 세상이 변한다. 이게 지난 몇 개월 동안 우리 모두 배운 점이 아닐까? 이 모든 변화를 위해서라도 지역이나 마을을 구성하는 민초들의 의식이 체계화, 고차화해야 하는데, 나는 이를 위해 한편으로 '자본주의'를 비판적으로 성찰하는 인문학 공부가, 다른 편으로 『녹색평론』의 예와 같은 생태주의적 대안 모색이 필수라 본다. 그런 기본 소양이 '1'도 없이 오로지 돈과 권력, 자리만 탐하는 광인들이 지배하는 세상은 결국 지옥을 만든다. 민주주의는 제도가 아니라 과정이다! 촛불광장의 일상화가 필수다. 이게 이번 사태의 최고 교훈이다.

〈서울의 봄〉에서 쿠데타 성공 뒤에 전두광이 노태건에게 "인간이라는 동물은 안 있나, 강력한 누군가가 자기를 리드해 주기를 바란다니까"라고 한 말은 정권을 (재)장악한 뒤 600조 규모의 국민 혈세를 탐하는 쿠데타 세력이나 그에 빌붙은 자들의 망상일 뿐이다. 그러나 참된 민주주의와 사회 정의를 갈망하는 민초들은 더불어 삶의 주인이 되길 갈망한다! 이와 달리 12·12 아침 연설에서도 윤석열은 전혀 반성과 책임감은 없이 (마치 극우 유튜브처럼) 야당 탓, 북한 탓만 하며 쿠데타를 정당화했다. 참담하다. 그래서 다음의 말을 "광란의 칼춤을 추던" 전두광이나 그를 흉내 내는 윤석열에게 되돌려주고 싶다. "바보야, 문제는 바로 당신 자신이야!" 신영복 선생의 『감옥으로부터의 사색』을 강추한다. 제대로 읽고 깨치기는커녕 들춰 보지도 않겠지만!

법이 타락하는 세 유형

『법의 정신』(1748)을 쓴 프랑스 계몽주의 사상가, 몽테스키외(1689~1755)에 따르면, "법이 타락하는 데엔 두 가지 경우가 있다. 하나는 국민이 법을 지키지 않는 경우, 다른 하나는 법 때문에 국민이 타락하는 경우다. 그런데 두 번째 타락은 치료가 불가능하다. 왜냐하면 치료약인 법 자체 안에 독이 들어 있기 때문이다."

국민이 법을 지키지 않는 첫째 경우란 가장 흔한 경우이면서 우리 자신도 잘 아는 바다. 경중을 가리지 않고 누구나 법 위반을 한 경험이 있기 때문! 나 역시 과속으로 과태료를 낸 적이 있다. 이 경우, 다시는 과태료나 벌금을 내지 않고자 조심하고 또 조심한다. 사회 구성원 모두가 그렇게 하면 '준법 사회'가 된다. 이 경우, 법적 처벌은 치료약이 된다.

그런데 문제는 두 번째다. 과연 "법 때문에 국민이 타락하는 경우"란 어떤 경우일까? 〈청년 마르크스〉란 영화가 있다. 이 영화는 첫 장면부터 약간 혼란스럽다. 누구나 가는 산, 평화롭게 땔감(죽은 나뭇가지)을 줍던 여인들이 어느 날 갑자기 (새로운 법에 따라) 기마경찰에 쫓기고 폭력과 죽임까지 당한다. 전통적 공유지인 산과 숲조차 '토지

사유화'로 인해 더 이상 접근이 불가하게 된 것! 이제는 서민들이 숲속의 나뭇가지(땔감)조차 '함부로' 줍지 못한다.

몽테스키외가 보기에 이 유형은 "치료 불가능" 케이스다. "왜냐하면 치료약인 법 자체 안에 독이 들어 있기 때문!" 그렇다면 이 법은 대체 무슨 법인가?

맨 앞 인용문은 청년 마르크스(1818~1883)가 약 180년 전 청년 헤겔파 친구들과 함께 독일 쾰른에서 『라인신문 *Die Rheinische Zeitung*』을 낼 때 쓴 '땔감 절도법' 비판 글(1842. 10.)에 나온다. 그는 기존 공유지에서 땔감을 줍던 가난한 여인들이 경찰 폭력에 쓰러지는 현실을 맹렬히 비판했다. 이 글로 당국의 탄압을 받아 『라인신문』까지 폐간됐다. 토지 사유화란 이토록 무섭고 폭력적이다.

법 자체가 소유권을 '절대적으로' 보호하기 시작한 탓에, 마을사람들이 야산에서 죽은 나뭇가지를 모아 땔감으로 써오던 관습적 행위가 느닷없이 '법 위반'으로 간주된 것이다. 약 300년 전, 몽테스키외는 이 경우 치료가 안 된다 했다. 치료약이어야 할 법 자체가 독소를 갖고 있기 때문! 여기서 독소는 '토지 사유화 법률'(민법)이다.

그도 그럴 것이, 수천, 수만 년 전부터 사람들은 관습적으로 공유지(커먼스) 내지 야산에 가서 죽은 나뭇가지 같은 걸 땔감으로 주웠다. 그걸로 요리도 하고 난방도 했을 것이다. 어쩌면 가장 자연스럽던 삶이 어느 날 갑자기 토지 사유화를 위한 '땔감 절도법'으로 인해 불법 내지 범죄로 내몰린 사태, 이는 오래 전 몽테스키외의 눈에 "치료 불가"로 판단됐다. 크게 보면, 15~18세기 잉글랜드의 악명 높은 '인클로저' 운동이 독일에도 닥친 것!

여기서 나는, 한때 "악법도 법이다"라는 말을 한 걸로 알려졌던 그리스 철학자 소크라테스(B.C. 470~399)를 떠올린다. 소크라테스가 글자 그대로 그렇게 말했는지는 논란이지만, 여기서 중요한 건 '악법이라도 따라야 한다'는 말의 메시지가 무슨 의미인가 하는 점이다.

내가 보기에 이건 지배자 내지 권력자의 관점이지 피지배자 내지 평민의 관점은 아니다. 피지배자인 평민의 입장에서는, 만약 어떤 법이 악법이라면 그 악법에 순종하는 것보다 악법 자체를 없애거나 바꾸는 것이 민주주의를 고양하는 일이다.

즉, 몽테스키외가 "치료 불가"라고 느낀 그 두 번째 케이스의 치료약은 '악법 차제를 없애거나 바꾸는 것'이다. 지금 대한민국에도 그런 악법이 있다. 가장 대표적인 게, 참된 통일·평화운동을 비롯한 각종 사회운동을 가로막는 국가보안법이다. 2024년의 '삐라-오물전쟁'을 보라!

어떤 면에서 국가(國家)는 북유럽에서 말하듯, '국민의 집'이다. 즉, 국가는 공유지(커먼스)다. 그러나 국가보안법은 지배층 내지 기득권 세력이 공유지를 사유화하는 법 아닌가?

그러나 내가 여기서 정작 말하고 싶은 건, 몽테스키외

가 말한 두 가지 법의 타락을 넘어 그 세 번째 유형도 있다는 것이다. 그것은 평민들이 '법을 충실히 지킴에도 불구하고' 법이 타락하고 부패하는 경우다. 과연 그런 경우가 있을까? 있다! 어디에? 바로 대한민국에!

이는 평민들이 법을 충실히 지키지만, 법률가, 특히 판·검사들이 법을 정치적, 개인적 이해관계에 따라 멋대로 해석·적용하는 경우다. 몽테스키외가 살아 있다면, '내가 이러려고 『법의 정신』 같은 책을 썼나, 하는 자괴감'을 느낄지 모른다. 지금의 대한민국을 보라! 그 사례들이야 이미 차고도 넘치지만 최근 사례 중 중요한 세 가지만 살펴보자.

첫째, 도이치모터스 주가 조작과 관련해 김건희 여사는 검찰로부터 '불기소' 처분을 받았다(2024.10.17.). 사실상 무죄 취지다. 그런데 단순 쩐주로서 1억 원 정도 손해를 보고 끝난 손건희 행복디자인 대표는 유죄 판결을 받았다. 또, 권오수 대표이사, 이종호·민태균 블랙펄인베스트먼트 대표 및 이사, 1차 조작 선수 이정필, 2차 조작 선수 김기현 등은 모두 구속되고 재판까지 받아 (비록 솜방망이 처벌이지만) 유죄 판명됐다. 반면, 도이치모터스 관련, 수억대 '쩐주' 역할을 하며 2010~2011년에만도 약 14억 원 시세차익을 본 김건희는 대표이사 권오수와는 물론, 주가 조작의 '선수'들과 긴밀한 소통과 협의를 했다. 그럼에도 무혐의-무죄-불기소라니? 무덤에 누운 몽테스키외가 놀라 벌떡 일어날 일이다!

둘째, 이재명 민주당 대표와 관련하여 판·검사들이 법을 농락해온 사태다. 이재명 대표와 관련해 진행 중인 재판은 5건 내외라 하는데, 그중 하나가 공직선거법 위반(허위사실공표죄) 1심 재판(2024.11.15.)이었다. 서울중앙지법 형사합의34부(부장판사 한성진)는 이 대표의 "(대장동 관련 김문기 씨 등과 찍은) 사진이 조작되었다"란 발언이나 "(성남 백현동) 토지 용도 변경이 국토부 압력으로 이뤄졌다"란 발언이 '허위사실 공표'라며 '징역 1년, 집행유예 2년' 형을 선고했다. 이 판결에 일반 시민조차 그 판사가 "법 공부를 한 사람이 맞나?" 할 정도다. 심지어 한국경제신문 주필 출신의 대표적 보수 논객인 정규재 씨조차 "이재명 1심 판결, 잘못됐다"며 개탄했다. 몽테스키외가 그 판사의 멱살을 잡고 흔들지 않을까 싶을 정도다. 정말 어렵고 힘든 시간을 보낸 끝에 다행히 위 재판의 2심(2025년 3월 26일)에서 이재명은 무죄를 선고받았다. 우연의 일치인지 모르지만, 바로 그날 영남권(산청 및 안동) 산불 사태가 역대 최악이라는 뉴스가 나왔다.

셋째, 최근 '뉴스타파' 등 여러 매체에 따르면, 윤석열 대통령이 (각종 불법 공천 개입 건은 별도로 하더라도) 2022년 대선을 앞두고 (강남 소재 '예화랑'에) '가로수팀'이라는 불법 선거사무소를 운영했고 그 증거를 인멸한 의혹이 나왔다. 당시 윤 캠프 정책총괄지원실장으로 활약한 신용한 교수도 이 의혹이 사실이라 했다.

이에 대해 민주당(서영교 진상조사단장)은 "원래 (중앙선거관리위원회에) 등록한 후보 선거사무소, 중앙당과 시·도당을 제외한 다른 선거사무소는 불법"이라며 "(그런데 윤 대통령이 대선후보 때) '예화랑'이라는 강남 소재 불법 선거사무소에서 정책과 선거조직을 이야기하고, 사람을 만나고, 선거 계획을 짰다"며 개탄했다. 윤 대통령의 절친인 연세대 로스쿨 이철호 교수 역시 "양재동에도 (불법 선거사무소가) 있었음"을 인정했다. 흥미롭게도 의혹이 터지고 일주일 사이에 '예화랑' 간판이 없어지고 펜스가 쳐졌다. 증거 인멸 혐의가 크다!

특히 『주간조선』에 따르면 이 '예화랑' 건물을 둘러싸고 이상한 부동산 거래 정황도 포착됐다. 즉, 한미약품그룹 모 계열사가 재건축이 예정된 예화랑 건물 소유주와 20년 장기로 보증금 48억 원, 월 임대료 4억 원의 부동산 임대차계약을 맺었다. 상황이 이 정도면 수많은 언론들이 달라붙어 진상을 밝히고, 그보다 먼저 검찰과 경찰이 특별 수사나 압수수색에 착수해야 마땅하다.

만일 야당이 그랬다면 벌써 쥐 잡듯이 뒤졌을 터! 이미 2017년 말 당시 20대 국회 시절, 진보당 윤종오 의원(울산 북구)이 선거관리위원회에 신고하지 않은 유사 선거사무실 운영 등 혐의로 벌금 300만 원, 자격정지 5년을 선고받고 의원직을 상실한 바 있다. 이런 중차대한 의혹에 대통령실조차 아무 반응도 않는다. 검찰이나 경찰 역시 복지 부동이다. 만일 몽테스키외가 살아 있었다면 이런 '내로남불'식 법의 타락을 뭐라 했을지 궁금하다.

돌아보면, 몽테스키외가 죽고 한 세대가 지난 뒤, 1789년 '프랑스 대혁명'이 '프랑스 인권선언'(자유, 소유, 안전, 저항)을 토대로 약 10년 넘게 세상을 뒤집었다. 세금과 폭정에 시달리던 농민과 평민들이 바스티유 감옥을 습격한 게 도화선이 되어, 국왕 루이 16세와 왕비 마리 앙투아네트가 단두대에서 처형됐다. 하지만 결국 혁명은 (공화정, 제정, 군주정 등) 복잡한 과정을 거치면서도 신흥 상공인, 즉 부르주아-자본 계급에 유리한 방향으로 흘러갔다. 그럼에도 민초들이 더 이상 구체제에 굴종하지 않고 역사의 전면에 나선 것은 대단한 변화라 봐야 한다.

그런 '대혁명의 기억'이 나치하 '레지스탕스(저항 운동)'를 거쳐 약 170년 뒤(1968년) '68 혁명'에서 되살아났다. 당시 샤를 드 골 정부의 실정과 여러 사회 모순에 대한 시민의 저항과 노동자 총파업 투쟁이 거세게 일어 기존의 가치와 질서에 정면 도전했다. 처음엔 파리의 대학생과 고등학생들에 의한 학생 봉기가 불을 지폈다. 드 골 정부는 경찰력을 동원, 강경 대응했지만 오히려 시민의 분노를 부채질했다. 결국 프랑스 전역의 학생들과 파리 전 노동자의 3분의 2에 해당하는 노동자 총파업이 일어났다. 위기의식을 느낀 드 골 정부는 군사력을 동원하여 의회를 해산했고 재총선을 실시했다. 드 골이 더 힘을 얻는 듯 했으나 이듬해 물러나고 말았다.

비록 1968년 5월 혁명은 정치적으로 성공한 건 아니나 사회적으로는 크게 성공했다. 즉, 종교, 애국주의, 권위에 대한 복종과 차별 등 보수적 가치 대신, 평등, 성해방, 인권, 공동체주의, 생태주의 등 진보적 가치들이 사회의 주요 가치로 부상했다. 오늘날 프랑스 사회를 주도하는 건 결국 이런 가치들이다. 사회(민주)주의 지향의 프랑수아 미테랑이 1981년부터 1995년까지 프랑스 대통령을 역임할 수 있었던 것도 모두 이런 사회 변화 덕이었다.

다시 '위기의 대한민국'으로 가보자. 지금 한국의 정치경제적, 사회문화적 상황은 한마디로 '대략 난감'이다. 배로 비유하자면, 선장은 물론 1등 항해사조차 있는지 없는지 모를 정도다. 무속인이나 정치 브로커들이 득실댄다. 국내는 물론 대외 정책도 갈팡질팡한다. 몽테스키외가 『법의 정신』에서 말한 '삼권분립'은 이미 깊은 바다에 수장되고 말았다. 그나마 건강한 야당들, 그리고 깨어난 시민들 덕에 쿠데타도, 전쟁도 아슬아슬 막아 내고 있는 형편이다.

따지고 보면, 5천만 민초들이 사는 대한민국에서, 그 중차대한 나라 경영자들은 철학도, 개념도, 역량도 없다! 이러다 언제 이 배가 좌초할지 모르겠다. 방향을 잃고도 그런 줄도 모른 채, 좌초나 난파 위기에 처한 이 '대한민국호'를 어떻게 구해야 하나? 심지어 최근 드러난 '룸살롱 접대' 사건에서 보듯 '법'의 타락 이전에 '법관'의 타락이 더 심각한지도 모르겠다.몽테스키외 선생이시여, 당신이 상상 못 할 정도로 기괴한, 세 번째 '법의 타락'을 하루가 멀다 하며 반복하는 이 대한민국을 과연 어떤 '법의 정신' 으로 구할 수 있겠나이까? 설마, 1789년 '프랑스 대혁명' 같은 거대한 변혁의 물결이 효과 만점인 치료약이라 권하는 건가요?

개인적 합리성과 사회적 비합리성

버스, 지하철을 타거나 도심 길거리를 걷다 보면 작은 손선풍기를 들고 얼굴에 바람을 쐬는 이들을 본다. 이 찜통더위에 '오죽하면….' 싶기도 하고, 과거에 비하면 '온갖 게 다 나오네.' 싶기도 한데, 마음 한켠에선 안타까움이 치솟는다.

한편, 설 명절이나 추석 명절이 다가오면 전국적 이동 인구가 많다. 일례로, 한국교통연구원과 한국도로공사에 따르면, 추석 연휴 기간의 총 이동 인구는 약 3700만 명으로 예상되었고, 하루 평균 약 600만 명 이상이었다. 버스나 기차 등 대중교통도 많이 이용하지만 자동차 이용 역시 많았다. 추석 당일 부산에서 서울까지 자동차 이동 시간은 평소의 두 배인 9.5시간으로 예상됐는데, 실제로는 10~11시간 걸렸다.

또, 평소는 물론 명절 같은 때가 오면 택배 이용이 많다. 문 앞까지 배달해 주기에 매우 편리하다. 택배를 보내는 사람은 예전처럼 선물 꾸러미를 들고 가가호호 방문할 필요가 없어 일이 간편해진 면도 있다.

뭐 특별한 것도 아닌 일상사를 몇 가지 들추는 까닭은,

이러한 우리의 '평범한 일상'이 본의 아니게 위험한 결과를 초래할 수 있기 때문이다. 즉, 개인적 합리성과 사회적 비합리성의 충돌이다. 왜 그런가?

손선풍기를 들고 다니면 당장은 시원한데, 계속해서 배터리를 충전해야 한다. 전기가 계속 든다. 이제는 집집마다 필수품처럼 되어버린 선풍기, 에어컨, 제습기, 공기 정화기, 식기 세척기, 냉장고, 냉동고, 김치냉장고, 스타일러, 심지어 AI… 역시 마찬가지다. 온갖 가전제품 목록이 길어질수록 전기가 모자라 핵발전소 추진 세력이 힘을 얻는다. 한편, 가전제품 부품은 대부분 플라스틱이다. 자신도 모르게 우리는 매주 신용카드 1장 정도의 미세플라스틱을 먹는다 한다. 그러고 보니, 주변 어디를 둘러봐도 플라스틱이 안 들어간 게 별로 없다. 편리함의 대가다. 더 중요한 점은 아무리 선풍기, 에어컨, 제습기, 공기 정화기…를 써도 이 찜통더위나 미세먼지의 역습을 막을 수 없다는 것! 오히려 그렇게 개인들이 합리적 선택을 할수록 사회 전체, 지구 전체는 더 비합리적 방향으로 치닫는다. 핵은 '완벽한 죽음'의 표상이고, 이젠 기후위기를 넘어 '6차 대멸종'이 거듭 경고된다. 사라지는 벌과 멸종위기종을 보시라.

자동차는 어떤가? 나 역시 예외가 아닌데, 집집마다 편리함, 신속함, 쾌적함, 익명성 등에 설득당해 자동차를 몬다. 개인의 자유롭고도 합리적인 선택! 그러나 많은 개인들이 합리적 선택을 해서 한꺼번에 거리로 나오면 본의 아니게 '교통 체증'과 '공기 오염' 등 사회적 비합리성이 생긴다. 사회 전체적으로 시간 낭비, 에너지 낭비, 건강 폐해가 심해진다. 전국 곳곳에 자동차 도로를 만들고 확장하느라 산천을 파헤치고 논밭을 없애는 것은 단순한 낭비를 넘어, 건강한 살림살이의 토대 자체를 파괴하는 자살 행위이기도 하다. 또, 자동차 배기가스 속엔 대부분 수증기, 이산화탄소, 일산화탄소, 탄화수소, 질소산화물 등 온실가스가 많고 발암물질인 미세먼지도 나온다. 차가 달리면 타이어가 닳는데, 이게 초미세 가루가 되어 코와 폐로 침투한다.

편리한 택배 역시 비슷하다. 각자의 휴대폰이나 PC로 검색, 결제, 주문함으로써 전국 곳곳의 지인에게 선물 배달을 신속하고도 정확하게 하는 것은 개인의 합리적 선택이다. 나 역시 그런 택배를 많이 보내기도, 받기도 한다. 어디건 택배 차가 가가호호 방문하는 건 좋지만 배기가스를 온 동네에 뿜어댄다. 택배 포장을 뜯으면, 테이프가 지나치게 많고 박스 역시 양이 엄청나다. 때로는 플라스틱 소재도 많고 뽁뽁이나 비닐도 많다. 원룸 촌이 있는 동네를 지나다 보면 곳곳에 배달 음식이 남긴 쓰레기도 산더미다. 우리가 개인적으로 아무리 '분리수거'를 잘 한다 해도 과연 이 넘쳐나는 쓰레기를 어디서 어떻게 처리할까 싶다. 생각할수록 정신이 아득하다. 그래서 아예 '생각' 자체를 지운다. 편리의 대가는 이렇게 무겁고도 무섭다.

우리는 개인적 차원에서 합리적으로 판단하고 선택하며 살지만, 본의 아니게 사회 전반적으로 비합리성이 증대됨을 깨닫게 된다. 이러한 괴리가 커지고 커져 더 이상 수습 불가한 상태가 되면 인류 공동체는 지구에서 편하게 살기 어려울 것이다. 따라서 어떤 방식으로건 우리는 해법을 찾아야 한다.

개인적 합리성과 사회적 비합리성의 문제를 해결하는 방법은 논리적으로 크게 세 가지다. 첫째는 사회적 비합리성을 초래하는 개인적 합리성을 절제하거나 포기하는 것, 둘째는 개인적 합리성이 유발하기 쉬운 사회적 비합리성을 교정하거나 예방하는 것, 셋째는 이 둘의 결합으로, 개인적 합리성에 조심스레 접근하면서도 사회적 합리성이 높은 대안을 찾는 것이다.

첫째 방법(사회적 비합리성을 초래하는 개인적 합리성을 절제하거나 포기하기)부터 구체적으로 살펴보자. 찜통더위에 대한 (손)선풍기, 에어컨, 제습기, 공기청정기 같은 해법들은 전기도 많이 쓰고 플라스틱도 남용하며 문제의 원인은 해결하지 못하면서 당장 나만 편하게 살려 하는 것이다. 손선풍기나 에어컨 등은 지구 온난화(이제는 지구 열탕화)에 대한 신자유주의적 해법이다. 이는 사회적이고 생태적인 문제를 개인적 상품 구매로 해결하려는 걸 일컫는다. "뒷일은 나 몰라!"식 태도를 가진 자본 입장에서는 지구 온난화(열탕화)가 새 시장 개척의 기회다. 그러나 불행히도, 위 해법들은 에너지를 더 많이 쓰게 되고, 내 집 이외의 공간에 더 많은 열을 뿜어대며, 결과적으로 지구 열탕화(찜통 지구)를 부채질한다. 처음엔 선풍기 하나만 해도 시원했지만, 나중엔 방마다 에어컨을 켜도 소용없는 때가 온다. 이런 연관성을 꿰뚫어본다면 우리는 '차라리' 포기하거나 절제하는 식으로 다른 방법을 찾을 것이다. 불편함 혹 귀찮음을 감수하는 힘을 키우는 게 관건이다.

나의 경우, 해마다 어떤 더위가 와도 일반 선풍기만 쓴다. 에어컨이나 제습기, 공기청정기는 없다. 에어컨 없이 견디려 한다. 너무 더워 힘들 때는 욕조에 몸을 담그고 반신욕을 반복한다. 아침저녁으로 해가 약할 때 텃밭 일을 조금씩 하고 '차라리' 땀을 흠뻑 흘리고 비누 없이 물 샤워만 해도 천국이다. 머리를 감고 말릴 때도 책받침이나 손부채를 쓴다. 땀에 절은 옷이나 수건, 양말은 샤워하면서 발로 철벅철벅 세탁한다. 손빨래 아닌, 발빨래! 세탁기는 한꺼번에 많이 할 때만 쓴다. 발빨래로 한 옷이나 수건을 강한 햇살에 말리면 까슬까슬해 좋다. 따끈따끈한 햇살이 태양광발전(3KW)으로 가정용 전기를 자급시켜 주고 빨래까지 말려 낸다.

두 번째 방법(개인적 합리성으로 인한 사회적 비합리성을 교정하거나 예방하기)은 앞서 말한 자동차의 예를 들면 쉬울 듯하다. 자동차 쏠림으로 인한 '교통체증' 및 '공기 오염'을 줄이려면 맨 먼저 대중교통 내지 공공교통(버스, 철도, 전철)을 대폭 개선(요금, 전용차로, 서비스 등)하면 된다. 가능하면 그 에너지도 모두 청정재생가능에너지(RE100)로 전환하면 좋겠다. 동시에 안전한 자전거 도로와 샤워 시설까지 잘 만들어 통학이나 출퇴근 시에 자전거를 대폭 활용하게 한다. 또, 프랑스 파리나 덴마크 코펜하겐의 '15분 도시' 내지 '컴팩트 도시'처럼 걷거나 자전거로 15분 이내에 중요한 볼일을 다 보게 도시계획을 다시 짠다. 인구 집중의 상징인 (서울 같은) 초거대도시보다 균형 잡힌 전원도시를 읍면 단위로 만들어 인구를 분산하는 것도 시급하다. 만일 명절 때의 차량 쏠림을 구조적으로 분산하려면 명절 연휴 기간을 (민주적 합의로) 최대한 늘리면 될 것이다. 따라서 이 방법은 결국 민주주의로 풀어야 한다. '풀뿌리 민주주의'가 그만큼 성숙해야 한다.

같은 맥락에서 (택배나 포장 등으로 인한) 쓰레기 문제를 사회적 합리성으로 해결할 수도 있다. 박스 테이프나 포장 재료를 자연소재로 만들도록 법제화하거나, 읍면 단위로 재활용센터를 크게 만들어 체계적으로 재활용률을 높이는 것도 좋겠다. 무엇보다, 자연으로 돌아가지 않는 소재를 처음부터 사용하지 못하게 규제함과 동시에 대체물을 개발하는 것이 합리적이다. 이와 비슷하게, 지구 열탕화를 저지하기 위한 국가적, 세계적 노력을 전면 강화해야 한다. 6대 온실가스(이산화탄소, 메탄, 아산화질소, 수소불화탄소, 과불화탄소, 육불화황)를 모든 사업장과 가정이 더이상 방출 못 하게 하는 '비상 대책'이 절박하다. 국회도 나서야 한다.

'코로나19 팬데믹'과 같은 비상상황에서 잠시나마 푸른 하늘을 다시 볼 수 있었던 기억을 되살려 보시라. "코로나 때 죽었던 '경제'를 걱정하라!"는 반론이 가능하다. 그러나 '경제'는 왜 하나? 생존과 생활에 도움이 안 되는 경제는 과감히 버려야 산다! 인류의 집단 생존을 위해선 근대 이후 당연시해온 편리함, 신속함, 있어 보임, 가성비, 이기심 등의 가치 대신 돌봄, 나눔, 아름다움, 버림, 어울림, 자유로움 등의 가치를 공유하고 실천하는 것이 좋겠다. 이 모두, 사회적 합리성을 고양하는 밑거름이다. 그래서 나는 외친다. "조금 먹고 조금 싸자!" 그리하여 "모두 건강하게 살자!"

셋째는 개인적 합리성에 극도로 조심스레 접근하면서도 사회적 합리성이 높은 대안을 찾는 것인데, 앞서 말한 좋은 아이디어를 종합적으로 실천(조화)하면 된다. 흔히, '개인의 노력만으로 되겠느냐, 사회가 변해야지…' 하는데, 이는 반만 옳다. 개인과 사회가 '같이' 변해야 하니까! 물론, 이 둘의 조화를 이루는 가장 좋은 출발점은 자본주의 합리성을 넘어서는 것(탈자본)이다. 그러나 하루아침에 될 일도 아니고 나만 깨친다고 될 일도 아니다. 문제의식을 공유하되 하나씩 깊어져야 한다.

　나의 경우, 택배로 오는 박스들은 (테이프를 떼어내고) 납작하게 만들어 텃밭의 풀을 덮는 멀칭용으로 재활용한다. 비가 오거나 오래되면 박스 종이들이 삭아서 흙으로 돌아간다. 또, 생태화장실에서 나오는 똥오줌을 분리해서 받아 잘 삭힌 뒤 텃밭에 거름으로 쓰는 것도 나의 비법이다. 개인적으로도 물과 전기를 절약해 좋지만, 수질 오염 예방과 흙 생태계 회복이 가능해 사회적으로도 좋다. 만일 '밥이 똥이 되고, 똥이 밥이 되는' 이런 모델을 사회 전반적으로 구현할 수 있다면, 개인적 합리성과 사회적 합리성의 조화가 이뤄지지 않을까?

　퇴직 이후 나와 아내는 굳이 도시 공간에 살 필요가 없어 읍면 지역으로 이사했다. 삶의 질이 높아 개인적 합리성에 걸맞고, 마음 맞는 친구들과 어울리며 사니 사회적 합리성도 높아진다. 빗물을 받아 텃밭에 재활용하고, 몇 가지 야채라도 자급하니 기분도 좋다. 지역에서 (돈 안 되는) 인문학 모임은 여럿 하지만, (돈 되는 일이라도) 대중교통이 닿지 않으면 절제하고 포기한다.

　얼마 전에 나는 『한겨레』에 '기후 산재'의 사례들을 고발하고 성찰하는 칼럼("기후재앙과 죽음의 행렬")을 썼는데, 국회 '환경노동위원회'에서도 '폭염노동 방지법'이 통과되었다 한다. 때늦은 감이 있지만 사회적 합리성 차원에서 다행이라 본다. 그러나 이보다 더 중요한 조치는 2024년

8월 말에 헌재가 일부 승소 판결을 내린 '기후소송'인데, 보다 구체적으로, 2030년 이후에도 온실가스를 대폭 줄이기 위한 범국가적 비상조치를 하는 것이다.

'고삐 풀린' 자본주의에 다시 고삐를 채우고 마침내 '탈자본'의 길을 열 방법은 없을까? 결코 쉽진 않지만, 이것만이 자본의 합리성을 넘어서는 길, 그리하여 개인적 합리성과 사회적 합리성의 충돌을 넘어서는 길이다. 이는 또한 근대의 계몽 철학이 낳은 '도구적 합리성'을 극복하는 것이기도 하다.

흔히 우리는 "조국과 민족의 무궁한 영광을 위하여…" 식의 맹세를 해왔다. 알고 보면 조국도 민족도, 나아가 사회나 세계도, 진심으로 사랑하는 가족이 되면 온갖 문제가 풀린다. 과연 가족이란 무엇인가? 마치 〈아빠의 바이올린〉에서 성공한 바이올리니스트 마히르가 아내 수나에게 고백하듯, "가족은 서로 다른 음으로 이뤄진 가장 아름다운 작품"이다. 이 서로 다른 음들이 조화를 이루려면 "사랑과 보살핌과 헌신과 희생"이 긴요하다. 개인적 합리성과 사회적 합리성의 충돌을 넘어, 사람과 지구가 한 가족으로 사는 길은 진정한 "사랑과 보살핌, 헌신과 희생"을 실천하는 것이다.

작은 고민은 소박한 해결의 시작이다. 더 깊고 체계적인 고민은 더 큰 해결의 문을 연다. 그러기 위해서라도 사회적 책임감에 기초한 민주주의가 더 깊어지고 확장돼야 한다. 이런 고민과 실천의 사회적 축적이 없다면 우리는 본의 아니게 '서서히 데워지는 냄비 속 개구리처럼' 자멸할지 모른다. '나부터' 귀찮음이나 불편함에 대한 감수력을 키우는 동시에, 사회와 지구 전체를 생각하는 '성찰적 합리성'(돌봄과 나눔)을 드높이고 실천하는 것의 필요가 매순간 절실하게 느껴진다.

마음속 서열화, 그 보이지 않는 감옥

해마다 대입 수능은 뜨겁다. OECD 회원국의 대학 진학률이 평균 45%인데 한국은 여전히 70% 수준! 수능 100일 전부터 부모들은 절과 교회를 찾아 '성공 기도'를 올린다. 자녀의 대입 성공이 인생 성공의 척도! 'N수생'이 느는 까닭이다. 학교도 학교지만 학원은 솔직히, 시험 덕에 산다. 크게 보아, 학교, 학원, 종교는 우리의 불안과 두려움을 먹고사는 혈맹관계!

흥미롭게도 과거의 부모가 '못 배운 한(恨)' 탓에 '소 팔고 논 팔아' 자식 교육에 올인했다면, 21세기 오늘날은 대다수 대졸자임에도 여전히 입시에 목을 맨다. 우리네 행복을 좀먹는 이 기이한 현상의 깊은 뿌리는 뭔가?

얼핏 봐도, 한국에선 출신 대학 꼬리표가 평생 간다! 누군가 처음 만나면 이름과 사는 곳, 나이와 출신 대학을 묻는다. 노골적으로 묻진 않아도 직·간접으로 탐문한다. 사적, 개인적 관계조차 이럴진대, 공적, 조직적 관계에서야 말할 나위 없다. 내가 시민아카데미 같은 데 강의해도 이력서를 내야 한다. 학력, 학위, 지위가 시간당 보수 계산의 기준! 이와 관련해 '긍지'를 느끼는 이보다 '상처'받는 이가 훨씬 많을 것이다.

　바로 이 지점에서 갈라진다. 무엇이? 우리의 태도와 현실이! 어째서? 만일 우리가 이 반복되는 구조적 상처의 메커니즘을 '더 이상은 안 돼!'라며 거부하고 사회적으로 결단해 대학 서열화와 직업 서열화 타파에 나선다면 10년이나 20년 뒤엔 서열 구조 대신 '수평 구조'를 만들 수 있을 것이다. 그런 사회가 있냐고? 있다! 탈차별, 탈권위를 주창한 '68 혁명' 이후의 유럽 사회를 보라! 독일 등 유럽 대학은 이른바 '일류대' 개념이 없다. 직업 간 차별도 미국이나 한국에 비해 덜하다. 농부나 벽돌공, 조립공이나 배관공이 교사나 의사를 한국처럼 '왕'부러워하진 않는다. (물론, 상대적이지만) 수평 구조를 만든 사회 덕이다.

　그러나 한국이 걸어온 길은? 서열화 타파를 위한 사회적 결단보다는 성공과 출세를 위한 개인적 결단의 길이었다. 인정 욕망 내지 권력 욕망이 핵심! 바로 이 태도가 21세기 오늘날에도 (아이들 꿈을 북돋기보다) '수능에 목을 매는' 묘한 사회를 낳았다. 그것도 본인이 원하는 전공보다 부모나 사회가 높이 치는 대학을 택한다. 사회적 차원에서의 서열화 타파 운동이 모두의 존엄성을 인정하는 인간화 과정이라면, 개인적 차원의 성공·출세 운동은 기존 서열 구조 안에서 더 빨리, 더 높이 오르려 하기에 결과적으로 서열화(구조와 심리)를 강화한다. 바로 이 과정에서 대다수는 '마음의 서열화'에 지배당한다. 룰루 밀러의『물

고기는 존재하지 않는다』에 나오듯, 척도(ruler)가 지배자
(ruler)로 돌변한다!

　대학 입시와 노동 시장의 장벽 외에 국가 권력도 우리
삶을 '공정하게' 서열화한다. 초등생조차 '너거 아부지 머
하시노?'에 관심 가지며 누구 부모가 힘의 우위에 있는
지 비교, 경쟁한다. 학교폭력의 배경에 흔히 '권력자' 부모
가 도사린 현실이 증거다. 어른들 세계도 마찬가지다. 반
듯한 대졸자 또는 일류대 출신이 아니라면 대통령 자격도
없다는, 기상천외한 생각이 마치 보편 상식으로 통하는
게 지금 한국 정치다. 프랜시스 골턴의 신체적, 생물학적
우생학에 견주면, 이는 정치적, 사회학적 우생학이다. 이
우생학이 끝내 인종주의와 홀로코스트를 불렀음을 기억
하자.

　수시로 보도되는 정당별 여론조사나 인기도 조사 역시
권력 욕망의 산물! 여야를 막론, '포퓰리즘(인기영합주의)'
의 덫에 빠지는데, 이 역시 온 사회 구성원의 장기적 생존
과 행복보다 단기적 권력 욕망이 만든 것이다! 예부터 "사
람 위에 사람 없고 사람 밑에 사람 없다"고 해도, 실제 현
실은 냉혹한 서열화 체제다. 구조적 서열화보다 무서운
것은 마음의 서열화다. 이 마음의 서열화부터 깨지 않으
면 구조적 서열화가 굳어진다.

　대학 입시와 취업 시험 외는 '공부'와 담을 쌓고 사는 사
회, 여기엔 희망이 없다. 그러나 마을·지역마다 눈과 귀를

열고 둘러보시라. 여기저기 열 명 내외 모이는 만남들이 있다. 둥글게 앉아 좋은 책을 읽고 열린 대화를 하면, 상처와 두려움은 사라지고 활력과 용기가 솟는다. 비록 소수지만 살아 있음의 기쁨과 작은 희망을 만들어내는 즐거운 활동들! 이 운동들이 비인간적이고 반생명적인 권력 질서에 균열을 낸다. 계란으로 바위에 자국을 내듯, 빗물이 바위를 뚫듯, 나무뿌리가 바위를 깨듯, 그렇게 틈을 만든다. 우리들 대다수가 일관되게 이런 자세로 산다면, 서열화 타파도 불가능하지 않다.

이미 오래 전, 찰스 다윈은 "지구의 수많은 생명들의 순위를 정하지 말라"고 했다. 그러나 우리는 그에 아랑곳 않고 서로 순위를 매기고 자연에도 순위를 매긴다. '객관적으로' 볼 때, 어머니 같은 대자연의 극히 일부에 불과한 인간이 스스로 '만물의 영장'이라며 우월의식을 강조하며 만물을 사다리(위계)로 본다. 루이 아가시의 '자연의 사다리' 개념이 온 사회로 확장됐다. 이런 시각이 자본주의와 결합해 공동체를 해체하고 마침내 서열 체제까지 낳았다. 그리하여 권력은 사다리를 타고 내려가고 뇌물은 사다리를 타고 오른다! 이 서열화가 우리에겐 '보이지 않는 감옥'이다. 상하를 다투는 서열 경쟁은, 실은 성공해도 공허하고, 실패하면 낭패인 게임이다! 오늘날 우리는 이 감옥에 갇혀 신음한다. 해마다 반복되는 대입 소동은 이 신음소리의 일부다.

관청이나 학교의 높은 담장을 허물 듯, 마음의 서열화와 구조의 서열화를 허물어야 비로소 모두 자유인(!)이 된다. 『향모를 땋으며』의 로빈 월 키머러처럼 "보이지 않지만 만물에 생명력을 불어넣는 에너지로 가득한 세계"와 다시 친밀한 관계를 맺고, 온갖 가짜 척도를 없애면 새 세상이 열린다! 『토지』의 박경리가 말한 것처럼, "모든 생명은 공평하다. 자신에 대한 연민은 생명에 대한 연민으로 확대되어야 한다." 같은 맥락에서 야마오 산세이의, "자연, 지구, 우주의 자애로움을 있는 그대로 받아들이"는 "옛날 인간"이 바로 미래다. 기후위기와 전쟁위기가 갈수록 세상을 옥죄는 지금, '나부터' 생명 감수성을 되찾고 이웃과 '더불어' 마주 앉아 열린 마음으로 세상만사를 논하기 시작하면 어떨까?

도둑맞은 가난, 도둑맞은 민주주의

박완서(1931~2011) 작가가 1975년에 발표한 단편소설 중에 「도둑맞은 가난」이 있다. 가난을 도둑맞다니? 어떻게 된 일인가? 가난이 사라졌다면 차라리 잘된 일 아닌가?

가난을 도둑맞은 주인공은 공장에서 일하는 앳된 여성이다. 원래 중산층이었는데 아버지의 실직과 허영심 많은 엄마 탓에 집안이 몰락했다. 빈민촌 가난의 냄새를 죽는 것보다 더 싫어한 어머니가 느닷없이 아버지와 오빠랑 동반자살하는 바람에 고아가 됐다.

'여공'이 되어 밑바닥 생활을 하는 주인공은 "그들이 죽기를 무릅쓰고 거부한 가난을 내가 지금 얼마나 친근하게 동반하고 있나에 나는 뭉클하니 뜨거운 쾌감을 느꼈다." 이렇게 가난한 삶을 기꺼이 사랑하며 성실히 살던 주인공은 우연히 "5원짜리 풀빵 구루마 앞에서" 남성 상훈을 만나 동거를 시작한다. 연탄이나 월세 등 돈을 아낄 수 있어 좋지만, 실은 상훈이라는 사람에게도 끌렸던 것이다. 그러면서도 그가 먼저 사랑을 고백하길 기다렸다.

그러던 어느 날 상훈이 아픈 동료를 돕는답시고 그간 둘이서 동거하며 함께 모은 저금을 다 써버렸다 하는 게 아닌가? 주인공이 버럭 화를 내자 상훈이 사라진다. 하루가 가고 이틀이 가면서 속이 타고 분해서 눈물이 난다. 걱정과 울화가 범벅이다. 한참 뒤 상훈이 돌아왔는데, 멋진 옷을 입고 말끔해졌다.

무슨 일인가 물었다. 상훈은 자기가 원래 부잣집 아들이고 대학생인데, 아버지가 좀 별나 방학 때 고생 좀 하며 돈 귀한 줄 알고 오라 해서 공장에 취업한 것이라 했다. 이 고백은 주인공에게 멘붕을 일으켰다. 이 배신감!

바로 그때 주인공 여성의 심장엔 '가난을 도둑맞았다!'는 느낌이 치밀었다. "가난을 정면으로 억척스럽게 사는 사람들의 이런 특이한 발랄함[가난의 냄새에 기꺼이 길들여지는 것]을 우리 어머니는 얼마나 치를 떨며 경멸했던가." 그래서 주인공에겐, 가난하고 힘들지만 악착같이 살아내 마침내 가난을 초월하고야 말겠던 소명감 같은 게 있었다. 하지만 부자들의 장난질 때문에 그 소명감이 갑자기 절망감과 수치심으로 변했다. "내 가난을, 내 가난의 의미를 무슨 수로 돌려받을 수 있을 것인가."

설사 부잣집 상훈의 아버지가 깊은 뜻을 가졌다 해도, 부자의 "가난 체험 활동"에 자신이 이용당했다는 건 절대 용서 불가였다. "나는 우리가 부자한테 모든 것을 빼앗겼을 때도 느껴보지 못한 깜깜한 절망을 가난을 도둑맞고 나서 비로소 느꼈다."

주인공이 곰곰 생각해보니 맨 처음 상훈을 풀빵 구루마

에서 봤을 때, 그가 풀빵을 손으로 잡지 않고 "어디서 났는지 오톨도톨한 꽃무늬가 있는 하얀 종이 냅킨으로 싸서 집어먹던" 것부터 꼴사나웠다. "다 먹고 나서는 그 냅킨으로 입 언저리를 자못 점잖게 꾹꾹 눌러 닦는" 것도 꼴불견이었다. "같은 5원짜리 풀빵을 먹으면서 그까짓 종이 한 장으로 이곳에서 풀빵을 먹고 있는 배고프고 피곤한 저녁 나절의 직공들 사이에서 우월감 같은 걸 누리고 있는 게 몹시 꼴사나워" 보일 때부터 주인공이 알아봤어야 했다. 뭔가 이상하다는 것을! 상훈과 내가 근본부터 다르다는 걸! "얼마나 떳떳하고 용감하게 내 가난을 지켰는지 스스로 뽐내던" 주인공, "내 방에서 기적이 일어나게 하기 위해 매일 방을 비워야 했던" 주인공, 도대체 '가난을 체험 삼아 살아 본다'는 게 말인가 방군가? 그래서 주인공은 가난을 도둑맞았다!

그런데 요즘 나는 그와 비슷하게 '도둑맞은 민주주의'를 너무도 강렬하게 느끼고, 거의 매일 반복 경험한다. 곰곰 따져 보니, 민주주의를 도둑맞은 역사가 꽤 길다.

첫째, 1981년에 대학생이 된 뒤로 나는 군부 독재를 청산하고 민주주의를 쟁취하자는 대의에 공감해 피라미지만 학생운동에 참여했다. 3학년 때는 단과대 학생 대표를 맡아 한편으로는 독재 세력들과, 다른 편으로는 '깡보수' 교수들과 싸웠다. 옥살이는 안 했지만 군경 테러에 목숨을 잃을 뻔했다. 매일 긴장감 속에 살았다. 군사독재 종식을 내세운 김영삼이 대통령이 되고 뒤를 이어 김대중, 노무현이 대통령이 되었을 때, 그나마 민주주의가 쟁취됐다고 믿었다. 하지만 어느새 자본이 그 민주주의를 새로운 형태로 포섭했다. 우리가 민주주의라 믿은 것은 단지 '자본주의의 권위주의적 형태'가 '자본주의의 자유주의적 형태'로 바뀐 것에 불과했다.

둘째, 흔히 사람들은 민주주의를 제대로 뿌리내리게 하기 위해선 사람만 바꿀 일이 아니라 '시스템'을 제대로 바꿔야 한다고 말한다. 맞는 말이다. 그래서 대통령 직선제로 헌법도 고치고 노동법도 개정하고 헌법재판소나 방통위원회, 특별검사제, 상설특검, 국가인권위원회, 국민권익위(부패방지위), 공수처도 만들었다. 그런데 민주주의 고양을 위한 이 제도나 시스템을 교묘히 우회하거나 쓸모없게 만드는 반민주 세력들이 있다. 자본과 권력 주도의 보수동맹이 문제다. 우민호 감독의 영화 〈내부자들〉에도 나오듯, '재벌-금융-언론-정치-검찰-법원-조폭'의 연합체가 카르텔을 만든다. 심지어 과거 박근혜-최순실 사태나 최근 김건희-명태균 사태에서 보듯, 비선실세 내지 문고리 3인방 같은 어둠의 세력들이 농단을 한다. 이들이 민주주의 시스템을 마치 소리 없는 지뢰로 파괴하듯 허물어왔다.

셋째, 지자체 선거, 총선, 보선, 그리고 대통령 선거에 이르기까지 여태 나는 조직적 댓글부대나 개표 부정이 문제라 생각했다. 그런데 최근 충격적으로 드러난바, 선거 국면에서 유권자를 대상으로 여러 차례 실시된 '여론조사' 자체가 멋대로 조작되었다! '엿장수 맘대로' 조작된 여론조사는 동요하는 표심에 영향을 줘 특정인을 대통령으로 만들고, 또 그 보상으로 특정인이 공천이 된 것도 폭로됐다. '여사'의 입김은 넓고도 세다.

2024년 10월의 국회 국정감사에서 양심적 검사 출신의 박은정 의원은 "공천헌금-대가성 여론조사가 사실이면, 뇌물죄 중 가장 죄질 나쁜, 수뢰후부정처사죄"가 성립한다고 역설했다. 박 의원은 "명태균을 대선 경선 이후 만난 적 없다는 윤 대통령의 해명과 달리 명태균 '박사'발 국정개입 의혹들로, 지난 대선이 무효화될 수도 있는 '도둑맞은 대선'의 증거들이 쏟아지고 있다"며 개탄했다. 게다가 "대선 당일에도 핵심 참모진들과 '명태균 보고서'를 공유했고, 이를 토대로 전략회의도 했다"는 내부고발(신용한 전 서원대 교수)까지 나왔다.

초등생 아이들도 익히 들었을 '도이치모터스 주가조작' 사건 뒤엔 이른바 '선수'들이 작전세력이 되어 열심히 뛰었다. 그 과정에서 대통령도 특정 회사의 주가를 풍선처럼 부풀게 하기 위해 나름 열심히 뛰었다. 실속이 거의 없는, 체코 원전 수출 계약이나 우크라이나 전후 재건 사업 약속 같은 걸 받아내려 한 것이 그 증거다. 대통령 취임 전부터 원전 부활을 외쳤는데, 원전 사업이 국내외에서 왕성하면 원전 부품 관련 기업인 '우리기술(주)' 주가가 급등할 것이고, 우크라이나에서 전쟁이 끝나면 복구 및 재건 사업에 '삼부토건(주)' 같은 회사의 주가가 급등할 것이다. 전쟁이 길어질수록 군수물자를 생산하는 기업들의 주가 역시 치솟을 것이다. '도이치모터스' 주가조작과 관련된 선수들이나 작전세력, 그리고 '여사'를 포함한 쩐주들이 여기에도 다 걸쳐 있었다. 불법 투자자문사인 블랙펄인베스트먼트(BP) 대표 이종호로 상징되는 작전세력들(김기현, 민태균 등)은 도이치모터스, 삼부토건, 쌍방울 주가조작에 종횡으로 연결돼 있다. 그런 인연들이 채상병 사망 사건의 진실도 교묘히 가렸다. (희토류 사업과 관련해) 북한과 접촉을 했던 '쌍방울'의 경우, 극히 고약하게도 자기들의 주가조작 사실을 숨기려고 오히려 이재명 민주당 대표(당시 경기도지사)에게 뇌물죄를 뒤집어씌우려는 공작을 강행하다가 오지게 들킨 상태다.

이렇게 대통령 부부는 '작전세력'들과 사실상의 표리관계를 이루면서 '비즈니스'를 위해 수억, 수십억 혈세를 쓰며 지구촌을 여행했다. 사회정의를 바로 세우는 검찰이 아닌, '비즈니스맨'이 된 검찰 출신 대통령! 그것도 대한민국 아닌, 가족을 위한 비즈니스! 이게 자본주의요, 한국 자본주의 정치의 실상이다.

약 50년 전 박완서 작가의 소설 속 여성이 '도둑맞은 가난'을 치욕적으로 느꼈듯, 오늘의 우리 역시 '도둑맞은 민주'를 뼈저리게 체험한다. 이 사태, 이 배신감을 어찌해야 할까?

1975년 1인당 국민소득은 약 600달러였고 2023년엔 3만 달러를 훌쩍 넘었으니 우리는 50년 만에 평균 50배 이상 잘살게 되었다. 아직도 쪼들리게 어려운 이가 많지만 평균 수준은 많이 올랐다. 물론, 불평등과 양극화는 심각하다. 50년 전 시내버스비가 15원이었는데, 지금은 1500원에 가까우니 단순 물가로 100배 뛰었다. 이제 예전의 그런 가난은 민속박물관에서나 볼까 좀체 찾기 어렵다. 경제가 어렵다고들 하지만, 백화점이나 쇼핑몰에 가면 사람이 많다. 심지어 '명품'을 사려고 새벽부터 몰려들기도 한단다.

잘 생각해 보니, 오히려 당시 내가 자라던 가난한 달동네에서는 수돗물을 하루에 한두 시간씩만 받았고, 세숫물도 함부로 버리지 않았다. 이웃사촌 개념이 살아 있어서 부침개 하나를 구워도 이웃과 오순도순 나눠 먹었다. 봄, 가을 농번기엔 학교에서 대대적으로 농촌 봉사활동을 나갔다. 옆집에 대소사, 경조사가 생기면 서로 나서서 일손을 거들었다. 당시만 해도 두레나 품앗이 문화가 살아 있었다. '똥물 튀는' 변소조차 그 똥오줌을 밭에 거름으로 씀으로써 수질오염은커녕 생태순환에 기여했다. 아이들이 학교에서 다투고 와도 어른들이 변호사까지 붙여 소송을 제기하는 일은 상상조차 할 수 없었다.

기후위기와 6차 대멸종이 경고되는 현 시점에서 불과 50년 전만 돌아봐도 알 수 있다. 저 고단하고 가난했던 삶의 방식을 조금만 다듬어 가져오면 지구촌을 위한 지속 가능한 '오래된 미래'가 실현될 것이다. 소설 속 주인공이 "그들은 겉으론 가난을 경멸하는 척 했지만 실상은 두려워했다는 걸 나는 안다"고 했을 때 어쩌면 '그들'이 바로 우리가 아닐까?

이런 의미에서도 우리는 도시화, 산업화, 세계화, 상업화의 과정, 즉 자본주의 발전과 더불어 역설적이게도 가난도 도둑맞고 절약도 도둑맞고 마을도 도둑맞고 자연도 도둑맞았다. 그리고 이제는 대명천지에 선거도, 민주도, 혈세도, 행복도 도둑맞고 있다. 가난을 도둑맞게 된 그 흐름들(부자 중독증, 출세 중독증) 탓에 이제는 민주까지 도둑맞고 있는지 모른다. 역으로, '도둑맞은 가난'을 우리가 얼마나 어떻게 되찾을 수 있는지에 따라 '도둑맞은 민주' 역시 딱 그만큼 회복될 것 같다는 특별한 느낌도 든다.

그러기 위해선 민주주의를 두려워하면 안 되듯 가난도 두려워 않아야 한다. 내 삶의 철학 중에는 '조금 먹고 조금 싸자'가 있다. 이것이 생태민주주의를 이루는 기본 철학이 아닐까 한다. 다시 말해, 궁핍은 면하되 검소하게 살면서 서로 나누고 보살피며 사는 게 기후위기 시대에 필요한 삶의 방식 아닐까? 피터 모린(1877~1949)의 역설처럼, "아무도 부자가 되려 하지 않는다면 모두 부자가 될 것이요, 모두 가난해지려 하면 아무도 가난해지지 않을 것"이니!

극우집회에 성조기가 등장하는 까닭

보통 '상식적인' 사람들은 윤석열 정부의 '한미일 안보 동맹', '후쿠시마 오염수(핵폐수) 방류 용인', '뉴라이트 인사들의 전면 포진', '독도 영토 주권 포기 분위기', '일본군의 한국 진출 허용 분위기' 등을 보며, "도대체 나라가 왜 이렇게 되고 있나?" 하고 고개를 흔든다. 또, 광화문 광장 등에서도 보수 우파들은 태극기 외에 미국 국기나 이스라엘 국기를 들고 나온다. 심지어 전광훈 등의 극우집회에서는 영어 동시통역까지 동반한다. 많은 이들이 내게 묻는다. "왜 그들은 미국 국기인 성조기를 들고 나오는가?"

더욱 심한 것은 윤석열 정부가 역사적 성찰도 없이 친일, 친미를 넘어 숭일, 숭미를 예사로 한다는 점이다. 말로는 '국익'을 외치면서도 실제로는 '국익'을 바닥낸다.

한편, 미국이나 일본은 한국을 '꼬붕' 취급한다. 실제로 박근혜 정부 때는 물론 윤석열 정부에서 일본 정부는 갈수록 노골적으로 '내선일체'인 양 행세해 왔다. 한국 정부 역시 '식민지 근대화' 이론을 근거로 "일본이 없었다면 오늘의 한국은 없다"고 생각한다. 아마도 그들 머릿속에는 1945년 8월 15일 일본 천황의 '항복 선언' 이후에 마지못해 일본으로 돌아간 아베 노부유키 총독의 말이 은밀히 각인되어 있을지 모른다.

"우리는 패했지만 조선은 승리한 것이 아니다. 장담하건대, 조선인이 제정신을 차리고 찬란했던 옛 조선의 영광을 되찾으려면 100년 이상의 세월이 걸릴 것이다. 우리 일본은 조선인에게 총과 대포보다 무서운 식민교육을 심어 놓았다. 결국은 서로 이간질하며 노예적 삶을 살 것이다. 보라! 실로 조선은 위대했고 찬란했지만 현재 조선은 결국 식민교육의 노예로 전락할 것이다. 그리고 나 아베 노부유키는 다시 돌아온다."

그렇다. 이 식민교육이 문제다. 그렇다면 식민교육의 무엇이 문제인가? 식민교육의 핵심은 교육받는 사람들이 자신이 식민지 피지배자 내지 피착취자임을 모르게 만드는 것이다. 요즘 말로 '가스라이팅'하는 것이다. 즉, 식민지 대중이 스스로 식민지 본국의 일원인 듯 착각하게 만드는 것이다. 아니, 대중이 스스로 식민지 종주국인 제국주의의 신민이 되기를 갈망할 뿐 아니라 자랑스럽게 생각하는 것이다. 이걸 사회심리학적으로 '강자 동일시'라 한다. 춘원 이광수가 그 전형적인 예다. 그가 1940년 9월 『매일신보』에 쓴 시를 보자.

> 조선인은 전연 조선적인 것을 잊어야 한다고./ 아주 피와 살과 뼈가 일본인이 되어버려야 한다고./ 이 속에 진정으로 조선인의

영생의 길이 있다고./ 조선놈의 이마빡을 바늘로 찔러서 일본인 피가 나올 만큼 조선인은 일본인 정신을 가져야 한다.

이런 면에서 아베 노부유키의 '식민교육'은 대단한 성공을 거두고 있다. 민족문제연구소가 2009년 11월에 '친일파'들의 명부인 『친일인명사전』을 펴냈는데, 그 인원이 무려 5천 명 내외다. 일제의 식민교육이 얼마나 성공적이었는지에 대한 증거물이다. "을사늑약(1905년) 전후부터 1945년 8월 15일 해방에 이르기까지 일본제국주의의 국권침탈, 식민통치, 침략전쟁에 적극 협력함으로써 한민족 또는 타 민족에게 신체적 물리적 정신적으로 직·간접적 피해를 끼친 자"가 '친일파'다. 수많은 부역자나 앞잡이들 중 유독 "자발성과 적극성, 반복성, 중복성, 지속성" 차원에서 문제가 큰 이들만 뽑은 게 5천 명 내외다. 일제의 총 통치기간이 40년 내외인 점을 감안하면, '상당한 거물급'만 뽑은 게다. 그 뒤 지금까지 약 100년에 걸쳐 그 자녀들, 손주들이 커서 오늘의 한국을 뒤흔든다. '아베 노부유키'가 제대로 돌아왔다!

자국만 최고라 믿고 타국을 배척하는 것(쇼비니즘)도 문제지만, 강대국에 빌붙어 아부하면서 떡고물만 노리는 것(강자 동일시)도 할 일이 아니다. '강자 동일시'의 끝은 불행히도 '내버려짐'(더 이상 이용가치 없을 때)이거나 전쟁에 '동원되기'(아직 이용가치가 있을 때)다. 정신을 바짝 차

려야 우리가 제대로 산다! '국익'이나 '삼각동맹' 개념이
세상을 살리는 게 아니라 '생명·평화'의 철학이 세상을 살
린다.

III
어디가, 왜, 아플까?

비상계엄의 사회경제적 배경은 무엇인가?

12·3 내란(친위 쿠데타)의 직접적 원인과 관련, 여러 시각들이 있다. 널리 알려진 바에 따르면, 그다음 날인 12월 4일에 (민주당 주도의) 국회에서 '김건희 특검법'이 통과될 예정이었는데 이것이 12·3 내란의 촉발제였다고 한다. 사실, '김건희 특검법'은 내용상 '김건희-윤석열'을 겨냥한 것으로, 그간 누적된 윤-김 부패·비리를 총체적으로 폭로할 판이었다(이채양명주: 이태원 참사 책임자 처벌, 채상병 사망 진상 규명, 양평 고속도로 비리 의혹, 명태균 게이트, 도이치모터스 주가조작). 일리 있는 의견이다.

또 다른 유력한 설로, 명태균 '황금폰' 내지 '다이아몬드폰'으로 상징되는, 국힘당 내 불법 공천과 여론 조작(명태균 게이트) 문제가 한창 불거지고 있었다. '김건희 특검법'이 폭탄급이라면 '명태균 게이트'는 핵폭탄급일 수도 있었다. 스스로 부정선거를 광범위하게 저질렀으면서도 오히려 민주당이 부정선거를 했다고 덮어씌우려, 그리하여 자기들 죄를 은폐하고자 계엄을 했다는 설이다. 이 역시 일리가 있다.

한편, 윤석열이 12월 3일 '계엄의 밤'(밤 10시 반경)에

TV 생중계를 하며 선포한 비상계엄의 명분에는 '야당의 국회 독주'나 '예산 삭감' 등으로 국정이 마비되었으며 '종 북 반국가세력'으로 인해 '자유민주주의'가 위기에 처했다 는 내용이 있었다. 흥미롭게도 민주당 주도의 국회가 계 엄 해제 결의(12월 4일 새벽 1시)를 한 직후(새벽 4시)에 발 표한 윤석열의 계엄 해제 선포문이나 그 뒤의 사과문 또 는 변명문(12월 7일)에도 없었던 '선관위 부정 혐의'가 12 월 12일의 담화문에서 계엄의 실질적 배경인 것처럼 '뒷 북치듯' 등장했다. 이 말은, 계엄의 명분으로 제시한, "야 당의 국회 독주나 예산 삭감 등으로 국정이 마비되었으며 종북 반국가세력으로 인해 자유민주주의가 위기에 처했 다는 내용"은 거짓말이거나 스스로도 근거가 없음을 자백 하는 것에 다름 아니었다.

그런데 이 '부정선거론'은 전광훈을 비롯한 극우 세력 들이 꾸준히 제기한, 터무니없는 헛소리에 불과했다. 오 히려 사태의 진실은, '명태균 게이트'에 대한 철저한 수사 로 낱낱이 밝혀지겠지만 국힘당 내 경선 과정이나 대선 국면에서 불법여론조작이야말로 밥 먹듯이 행해진 일이 었다. 이렇게 윤석열을 대통령으로 만든 국힘당 내 부패 한 풍토(예, 여론조작)를 오히려 민주당 등 야당에게 덮어 씌우려 한 것을 나는 '정치적 투사(political projection)'라 본다. 원래 심리학적으로 '투사'란 자신의 불쾌한 감정이 나 책임, 평판 등을 타자에게 전가함으로써 자기를 방어

하려는 행위의 일종이다.

요컨대, 12·3 내란(친위 쿠데타)의 직접적 원인이 '김건희 특검법'이건 '명태균 게이트'이건 아니면 '야당의 독주' 또는 '선거 부정'이건, 결국 그것은 윤석열-김건희와 국힘당 내부의 문제를 야당 내지 '종북 반국가세력'에게 뒤집어씌움으로써 마비된 국정 장악력을 회복하고자 계엄이라는 무리수를 감행한 '정치적 투사'에 다름 아니다.

헌재가 윤석열 파면 선고 배경(2025. 4. 4.)에서도 적시하였지만, 만약 야당의 독주나 예산 논란 등 문제가 있었다면, 그것은 정치적 대화와 타협, 그리고 협치의 형태로 풀어야지 굳이 불법적 비상계엄을 선포해 무장 군인들까지 동원하면서 국민들의 정상적인 생활을 혼란에 빠뜨릴 필요가 없었던 것이다.

그러나 나는 다른 편에서 이번 내란 사태의 저변에 한국 자본주의의 자본증식 위기가 깔려 있음을 본다. 원래 자본의 가치증식은 '사회 안정'을 바탕으로 노동과 경제가 잘 맞물려 돌아갈 때 '화양연화(花樣年華)', 즉 가장 아름답고 행복한 시간이 된다. 자본 입장에서는 가치(증식)의 토대인 인간 노동력이 혼신을 다해 노동할 때 최고이기 때문이다.

달리 말해, 자본과 권력이 주도하는 지배 시스템에 그어떤 세력도 위협을 가하지 않고, 또 자본의 몸집을 성실하게 불려주는 노동의 세계가 평화로울 때("산업평화"), 자본증식은 순풍에 돛단배처럼 잘도 진전될 것이다.

그리고 그렇게 순조로운 자본증식이 진행될 때, 바로 여기서 떨어지는 떡고물을 나눠 먹는 세력들이 있다. 즉, 자본증식의 측면지원자들인 권력자들이나 사익 추구형 엘리트들은 '바로 여기가 천국'이라는 콧노래를 부르며 해외여행이나 골프, 육식, 맛집 기행, 그리고 술과 파티 등을 즐기는 것이다. 이들에게는 양심적인 사람들이 진지하게 걱정하는 불평등과 양극화, 빈곤의 세계화, 도농 격차 심화, 자원 고갈, 자연 파괴, 기후위기 문제 같은 건 "니들이나 실컷 걱정해! 우린 죽을 때까지 먹고 즐겨도 시간이 모자랄 판이야. 그런 걸 걱정하기엔 시간이 너무 아까워!"라 할 정도로 귀찮고 불편한 걸림돌일 뿐이다.

이들이 마음 깊이 하는 걱정들은 노동자들이 열심히 일하지 않고 노조활동이나 파업에 나서는 일, 또 농민들이 '쌀값 투쟁' 등을 한답시고 트랙터를 몰고 서울로 몰려드는 일, 그리고 젊은 부부들이 제2세대 노동력인 아이들을 잘 낳으려 하지 않아 세계 최저의 출산율을 기록하는 현실, 나아가 촛불혁명이나 빛의 혁명을 한답시고 남녀노소 가리지 않고 광장으로 몰려나와 '민주주의'를 외치는 일 등이다.

이런 거시적 관점에서 쿠데타 이전의 한국에서 전개된 사회경제적 배경을 차분히 따져볼 필요가 있다. 여기서는 크게 두 단계로 나누어 살핀다. 하나는 28년 전 'IMF 사태'의 성격 규정이고, 그다음은 최근 한국의 사회경제 상황이다.

우선, 우리가 되짚어야 할 것은 1997년 말에 시작된, 이른바 'IMF 사태' 또는 'IMF 외환위기'의 성격이다. 흔히 우리는 'IMF 외환위기'를 '제2의 국치일' 정도로 생각하고, 전 국민적 '금 모으기 운동'이나 '30분 일 더하기 운동' 등을 통해 불과 4년 만에 IMF 등으로부터 빌린 긴급 구제금융(부채)을 모두 갚아, '위기를 성공적으로 극복'한 것으로 믿고 있다. 그러나 이것은 거대한 속임수이거나 사태의 본질을 잘못 짚는 일이다.

왜 속임수인가? 'IMF 외환위기'의 본질은 '제2의 국치일'이 아니라 '자본의 세계화'였다. 당시 사태의 진실을 (2025년 1월, 미국 대통령으로 재취임한 도널드 트럼프와 마찬가지로) 편협한 '민족 경제'의 시각으로 봐선 안 된다는 얘기다. 이미 세계자본은 1980년대부터 신자유주의를 외치며 각국의 경제 규제를 완화하라고 압박을 가했다. 금융자본을 주축으로 하는 신자유주의 시대에 세계에 돌아다니는 외환의 95%는 투기성이고 단 5% 정도만이 무역 등 실물 거래에 사용되는 돈이라 한다(마르틴 & 슈만, 『세계화의 덫』 참조). 이들 세계자본은 각국 정부에 개방화와 탈규제를 요구한다. 그래야 무한한 자본증식을 할 수 있다고 믿기 때문이다.

한국의 경우 마침내 1993년, 김영삼 정부가 '세계화'(특히 금융개방과 투자 자유화)를 외치며 예외적으로 금융기관들에게 단기 외채 도입의 '뒷문'을 열어주었다. 일단 문이 열리자 금융기관들은 금리가 낮은 일본 등으로부터 막대한 자금을 빌렸다. 당시 금융기관들은 해외에서 단기로 외채를 빌려 와 국내 기업들에게 고율 이자로 장기 대출했다. 그러나 당시 기업 수익률이 지속 하락하던 터에 1996년 김영삼 정부가 부실기업에 대한 지급 보증과 금융 지원을 더 이상 않겠다고 선언하자 줄도산이 이어진다. 실제로 1996년부터 조짐이 서서히 나빠지더니 마침내 1997년 1월부터 한보그룹, 3월 삼미, 4월 진로, 5월 대농·한신, 7월 기아, 11월 해태·뉴코아, 12월 고려증권·한라 등이 도미노처럼 쓰러지고 말았다. 이런 상황에서 세계자본은 지불 기한 연기 없는 엄격한 부채 상환을 요구했고 이에 '부도 사태'가 확대됐다. 동시에, 세계자본이 대대적으로 한국을 이탈하면서 '국가 부도' 위험(나라 경제가 망할 가능성)도 커졌다. 코너에 몰린 국가의 응급대응책이 곧 'IMF 구제금융'이었다!

말이 좋아 'IMF 구제금융'이지 실은 IMF를 매개로 한 세계자본의 '한국 기업 사냥 놀이'였다. 동시에 '구제금융 이행조건'을 통해 IMF는 세계자본의 입장에서 자본증식에 유리하도록 온갖 개혁 조치를 요구했다. 말이 개혁이지, 자본의 돈벌이에 지장이 되는 장애들을 모두 제거하라는 요구였다. 그것이 곧 'IMF식 구조조정'이다.

그 구체적 내용은 규제 완화, 민영화, 정리해고, 노동 유연화, 글로벌 스탠더드 정착 등이었다. 당시 미셸 캉드쉬 IMF 총재는 대통령 선거 2주일 전(1997년 12월 3일)에 각 후보들(김대중, 이회창, 이인제)에게 '이행 각서'에 서명하도록 사실상 강요했다. 누가 당선되건, 'IMF식 구조조정'의 내용인 규제 완화, 민영화, 정리해고, 노동 유연화, 글로벌 스탠더드 정착 등을 착실히 이행하겠다는 서약을 하라는 것이었다. 즉, 대선 이후에 당선자가 '딴소리'하는 경우가 없도록, 또한 민중의 저항 탓에 'IMF식 구조조정'을 못 하게 되는 일이 없도록 모든 유력 후보들에게 미리 각서를 받아 놓을 정도로 세계자본은 철저했다! 자본은 증식을 위해 그렇게 치밀히 접근한다. 그 이행 각서에 서명이 완료된 뒤 비로소 580억 3500만 달러의 구제금융이 들어왔고, 마침내 2주일 뒤(12월 18일) 대선에서 김대중 후보가 당선되었다.

미리 말하건대, 나는 김대중 개인에 대해선 존경하고 존중한다. 그러나 자본증식을 위한 세계자본의 운동, 그리고 'IMF 외환위기'의 본질을 제대로 이해하기 위해선 우리가 냉정하게 판단해야 한다고 본다. 보다 구체적으로, 상당수 국민들(유권자의 40%)의 지지를 배경으로 당선된 김대중 대통령은 'IMF식 구조조정'을 원활히 하기 위해, 그리고 민중의 사회 저항을 예방하기 위해 한편에서는 '노사정 위원회'를, 다른 편에선 '생산적 복지'(welfare 아닌 workfare) 정책을 가동시켰다. 노사정 위원회는 정리 해고제를 법제화했는데, 이는 해고를 예방하는 듯한 모양새를 갖추었으나 실제로는 해고를 '합리화' 내지 '제도화' 하는 결과를 낳고 말았다.

이 모든 과정을 종합할 때, 김대중 대통령은 세계자본이 'IMF식 구조조정'을 강행하는 데 대단히 적합한 관리자 역할을 수행했다. 실제로, 『한국 전쟁의 기원』으로 유명한 브루스 커밍스 교수도 김대중 대통령을 "IMF의 한국 지사장"이라 표현할 정도였다.

왜 그런가? 그것은 김대중 대통령이 수십 년간 민주화운동의 상징적 인물이 됨으로써 한국 민중에게 큰 신뢰를 얻은 상태였다는 점이 중요하다. 신뢰가 일종의 사회적 자본이 된 상태에서 'IMF식 구조조정'을 나름 힘차게 밀고 나갈 구심점이 김대중 대통령이었던 것!

즉, 사실상 세계자본이 한국을 수탈하는 것에 다름 아니었던 'IMF식 구조조정'을 정부 주도로 강행하되, 행여 있을지도 모를 노동운동 등 사회적 저항을 적절히 무마할 수 있는 '완충 장치' 역할을 김대중이라는 존재가 담당하게 한 것이다. 달리 말해, 노동자나 노동조합, 전국농민회 등 전반적인 노동 진영은 'IMF식 구조조정'으로 인해 막대한 피해를 입게 되었음에도, 오랜 민주화운동 경력과 민중적 신뢰라는 사회적 자본을 가진 김대중 정권을 상대로 (기존의 독재 정권에 목숨을 걸고 저항했던 것과는 달리) '감히' 적대적 저항을 전개하기가 매우 어려웠다. 게다가 '위기에 빠진 한국 경제를 살리자!'라는 민족주의적 시각으로부터 그 누구도 자유롭지 못했기에, 달리 말해 자본에 대한 문제의식의 부재로, 외채를 매개로 한국 경제를 수탈하는 과정을 민중 스스로 '협조'하고 말았다. 이런 점에서 세계자본의 시각에서는 '국민의 정부'를 내건 김대중 체제가 'IMF식 구조조정'을 관철해 내기에 너무나 시의적절한 안성맞춤이었다.

그 결과, 웬만한 한국 기업들은 죄다 세계자본의 소유로 넘어갔다. 가장 대표적으로 삼성전자, 국민은행, 외환은행, 제일은행 등은 그 주식 구조상 더 이상 '한국' 기업이 아니다. 대다수 한국의 대기업들 역시 주식의 50% 이상이 세계자본에 속하는, 그리하여 더 이상 한국 기업이 아닌 명실상부 세계자본의 것이다.

세계자본의 입장에서는 재벌 가족들이 봉건적 승계까지 하면서 '억지로' 황제경영을 하는 것이 매우 못마땅해 '재벌 해체'까지 이뤄내고 완전한 세계자본의 품속으로 포섭하려 했으나 역부족이었다. 그래서 형식상으로는 여전히 재벌 내지 족벌 체제가 잔존하나 대다수 대기업과 금융업들은 사실상 이미 세계자본에게 실질적으로 포섭되었다. 노무현 대통령이 "권력은 이미 시장으로 넘어갔다"고 했던 서글픈 독백은 이미 자본이 세상을 좌우하고 있음을 확인한 것에 다름 아니었다. 이것이 이른바 'IMF 외환위기'의 진실이다. 그렇게 우리 모두는 폭삭 속고 말았다.

　이 '불편한 진실'을 새삼 들먹이는 까닭은 향후에 또 유사한 사태가 발생할 때 동일한 오류를 반복해선 안 되기 때문이다. 즉, 우리는 최대한 '외환위기'가 오지 않도록 미리 막아야 하지만(그러기 위해서라도 나라 살림살이를 정말 건전하게 운용해야 한다. 그 구체적 방안에 대해선 많은 심층 토론이 필요하다), 그럼에도 만약 그런 게 또 닥친다면 어떻게 할 것인가? 내게 해답을 요구한다면 나는 이렇게 말할 것이다. 과거처럼 더 이상 굴욕적으로 IMF 등 세계자본에 대한 '종속 심화의 길'을 걷기보다 오히려 발상의 전환을 하여 '체제 전환의 길'로 나아가는 것이 민초들의 삶을 위하는 길이라고 말이다.

　모범적인 답이라 할 순 없어도, 말레이시아의 마하티르 수상이나 러시아의 옐친 대통령은 1997년 대한민국과 같은 길을 걷지 않았다! 일단 '모라토리엄(지불 유예)' 선언을 한 상태에서 천천히 자국 경제를 먼저 추스르고자 했던 것이다. 나는 이들의 느긋한 태도를 배우면서도 더 이상 자본-종속적이지 않은 새로운 시스템을 고민해 보아야 한다고 본다. 그렇지 않으면 1998~2001년처럼 '금 모으기 운동' 및 '30분 일 더 하기 운동'은 물론, 대량의 정리해고와 현대판 노예노동 증가, 그리고 자살 행렬 사태를 또다시 맞게 될지 모른다.

잠시 그 당시(1997년) 환율을 회상해 보자. 언론 보도에 따르면 당시 환율은 1달러당 1700원까지 치솟은 걸로 돼 있다. 암시장에서는 2000원까지 올랐다 할 정도였다. IMF 사태 이전에 비해선 환율이 약 2배 올랐다. 이것의 의미는 무엇인가? 그것은 한편으로 한국 돈의 가치가 '똥값'이 되었다는 얘기이고, 다른 편으로는 세계자본이 한국 기업이나 자산을 '헐값'에 득템할 수 있었다는 얘기다.

이런 점을 종합하면, 세계자본 내지 투기자본의 운동 원리가 선명하게 정리된다. 즉, 투기성 세계자본이 대대적으로 일국에 들어갔다가 대대적으로 자본 이탈을 감행함으로써 그 나라의 외환 보유고(부채 상환 능력, 유동성 확보)를 바닥낸다면 특정 나라를 상대로 '국가 부도' 사태를 쉽게 만들 수 있다. 그렇게 되면 그 나라는 IMF나 세계은행 등에 '긴급 구제금융'을 신청하게 되고, IMF나 세계은행 등은 돈을 빌려주는 대신에 가혹한 '구조조정'(특히 대대적 정리해고)을 강요한다. 이제 세계자본(막대한 규모의 투기자본 포함)이 그 특정 나라의 기업이나 은행, 부동산과 공기업 등을 '똥값'에 매입하거나 인수 및 합병(M&A)하기 쉽다. 이런 식으로 세계자본은 해당 나라에 빨대를 꽂아 놓고 달콤한 이윤을 해마다 빨아들인다. 바로 이것이 28년 전 'IMF 사태'의 진실이다. (1980년대 아르헨티나 등 남미 각국의 부채 위기 역시 원리는 동일했다.) 그리하여 대한민국 경제는 노동자와 농민, 서민과 학생, 여성들이 힘겹게 일하는데도 갈수록 쪼들린다. 그 근본 배경은 바로 자본-종속성이 갈수록 심화되면서 노동 내부에 차별과 경쟁이 가속화한 것이다. 따라서 향후 나라 살림살이를 진정으로 민주화하려면 우리는 전혀 다른 길을 상상하고 실험해야 한다. 예컨대, IMF 등 세계자본에 무조건 무릎 꿇지 말고 협상력을 높이는 한편으로, 다른 편에서는 여러 우호적인 나라들과 능동적이면서도 호혜적인 경제 연대의 틀을 넓혀나갈 필요가 있다. 이를 위해서라도 나라 살림살이 내지 한국 경제의 미래와 관련해서 '시민경제회의' 같은 민주적 논의 기구를 지역별로 만들면 좋겠다. 풀뿌리 민중이 '철학 있는 전문가'들의 아이디어에서 도움받아 나라 살림살이의 전망을 새로운 형태로 모아낼 수 있다면, 그 어떤 세계자본도 한국 경제를 함부로 하진 못할 것이다.

이제 가장 최근의 한국 자본주의 상황을 보자. 단적으로 말하면, 오늘날도 (그 이유야 다양하지만) 자본의 평균 이윤율, 즉 수익성이 갈수록 떨어진다. 세계경쟁은 갈수록 격화하고 신기술 혁신이 가속화하되, 노동-상품-화폐-자본이 맞물리며 돌아가는 자본주의 경제의 수익성은 의도치 않게 지지부진하기 때문이다. 그 와중에 국내 재벌들은 GDP 대비 매출액이나 자산 비중이 높아지는 반면, 대다수 중소기업들이나 자영업자, 그리고 중하층 가계들은 파산과 부채, 실업과 빈곤으로 내몰린다.

이런 상황을 반영하듯, 노동자 조직화나 투쟁이 곳곳에서 벌어진다. 화폐물신 또는 권력물신에 중독된 정치경제 엘리트들은 물론, 사회 변화를 위한 적극적 투쟁에 참여하지 못하는 보통사람들은 삶의 불평불만을 (대부분 망상에 불과한) '종북 반국가세력'에 덮어씌우려 한다. 이를 악용하는 자들은 백골단, 반공청년단, 그리고 전광훈식 광신도 주도의 2025년 1·19 서부지방법원 침탈 사례에서 보듯 극우파들을 선동, 동원하기 바쁘다. 이 내용을 좀 더 세부적으로 정리하면 이렇다.

첫째, 한국 자본의 평균이윤율이 경향적으로 떨어진다. 강원대 유원근 교수 등에 따르면 "1970년에 33%였던 이윤율은 2017년에 15%, 2018년에 14%로 점점 저하하였고 2019년부터 2021년까지 내내 12%에 머물고 있다."* 또, "2021년의 산업 부문별로 평균 이윤율을 보면, 제조업 부문 8%, 광업 18%, 전기 가스 수도 2%, 건설업 3%, 도소매 숙박업 15%, 금융보험업 41%"이었다. 이를 자세히 보면, 잉여가치를 생산 않는 비생산 부문의 이윤율을 제외한 생

---

* 유원근, 허식, 최호연. (2024). "비생산적 부문의 동향과 이윤율 변화에 관한 연구-1970~2021년간 국민계정을 중심으로", 『산업경제연구』 37(4), (Nr. 194), 695.

산 부문의 이윤율은 아주 저조하다. 한편, 산업개발연구원의 박훈덕 연구원은 "2007-2008년 경제위기 이후, 이윤율의 변동이 새로운 국면으로 접어들었다"면서 "이러한 변화는 자본생산성이 둔화되는 한편, 임금분배율은 증가하는 것에서 비롯하는 것으로 추론된다"고 했다.* 즉, 노동 진영의 임금 압박은 강화하되, 자본의 이윤율이 저하되는 경향을 재확인한 셈이다. 그리고 김덕민 경상국립대 교수의 한 논문은 "97년 이후 자본축적률은 (지대, 이자, 세금 등) 지불 후 이윤율로 수렴"했다고 보며, "지불 후 이윤율과 자본축적률은 모두 하락" 경향을 보인다고 했다.**

이 모든 연구들을 종합할 때, 한국 자본주의의 이윤율 또는 수익성이 경향적으로 떨어지고 있음을 알 수 있다. 이는 자본주의를 관리하는 국가나 자본 입장에서 볼 때, 획기적으로 '신성장 동력'을 찾거나 '노동생산성' 향상을 위한 특단의 조치가 필요함을 시사한다. 자본과 권력의 안정적 재생산에 도움이 되지 않는 민주노총 위원장, 촛불행동 대표, 비판언론사 및 그 대표들, 야당 대표들과 주요 인사들, 나아가 매우 껄끄러운 여당 대표나 비교적 양심적인 판사들 등이 12·3 내란 사태 와중에 '긴급 체포 및

---

* 박훈덕. (2020). "한국경제 이윤율 동학 분석: 구조적 벡터자기회귀모형을 중심으로", 『사회경제평론』, 33(1), 113-142.

** 김덕민. (2020). "자본축적과 이윤율, 그리고 구조적 단절: 한국경제 (1975-2016)", 『사회경제평론』, 33(2), 59-100.

암살 대상자 명단'에 포함된 것은 결코 우연이 아니다.

둘째, 설상가상으로 재벌집중이 갈수록 심화한다.* "삼성, 에스케이(SK), 현대자동차, 엘지(LG), 롯데, 한화, 지에스(GS), 현대중공업, 신세계, 씨제이(CJ) 등 10대 재벌 매출이 2021년에 1,209조 원으로 국내총생산(명목 GDP기준)의 58.3%를 차지한다."** 350만 개 정도의 기업들이 움직이는 대한민국 자본 생태계에서 단 10대 재벌들의 매출액이 GDP의 60% 가까이 되는 것은 '다윗과 골리앗' 꼴이다. 또 이를 "5대 재벌로 폭을 좁히면, 이들의 2022년의 매출액은 973.6조 원으로 GDP(2,161.7조 원)의 45%, 2022년 기준 총자산은 1,324.8조 원으로 GDP의 61%를 차지한다. 이 5대 재벌이 소유한 2022년 기준 부동산은 토지 장부가액으로 71.7조 원에 이른다."*** 5대 재벌의 매출과 총자산이 각기 GDP의 45%, 61%라는 것은 일국의 경제가 가히 독과점 지배 아래 있음을 재차 입증한다. 이는 전경련과 경총 중심의 '재벌-국가 복합체'가 사실상 한국 경제는 물론 정치와 언론, 사회, 문화 전반을 실질적으로 지

---

* 이도흠. (2025). "퇴진 운동의 주/객관적 조건과 체제 전환의 길", 『탄핵을 넘어, 한국사회 체제전환의 방향과 과제』 토론회(2025. 1. 9.) 자료집, 3-32.

** 이정훈, "삼성 날고 다른 재벌 '경제력 집중' 커졌는데…윤 정부 정책은 '친재벌'", 『한겨레신문』, 2022년 6월 27일.

*** 경제정의실천시민연합, <5대 재벌 경제력 집중 및 부동산 자산 실태 발표 기자회견-보도자료>, 2024년 2월 28일.

배한다는 얘기다. 그리하여 10%의 부자가 90%의 자원을 차지하는 '10 대 90 사회'가 갈수록 현실화한다.

나아가 이러한 극단적 불평등과 양극화는 사회 불만과 저항을 부르는 배경이다. 국회 앞은 물론 대통령실 인근, 그리고 서초동 법원, 나아가 전국 각지의 시청이나 군청 앞에서 일인시위하거나 농성하는 사람들을 보라. 그리고 울산, 거제 등 전국 곳곳의 산업단지나 공장지대에서 때로는 일인시위나 농성천막으로, 때로는 파업과 집회로 노동자들이 "더 이상 이렇게 살 수 없다!"는 인간적 요구를 내걸고 외치는 모습들을 보라. 그중에는 온갖 산재나 과로사, '갈비법칙(아래로 '갈'구고 위로 '비'벼야 생존이 보장되는 냉혹한 노동현실)' 등의 위험과 스트레스로 심신이 망가지는 노동자들이 인간다운 삶을 호소하는 장면이 포함된다.

이런 노동자 및 민중 저항의 모습들을 보면서 윤석열은 2022년 5월, 취임 직후부터 "건폭" 또는 "노조 카르텔" 같은 용어를 써가면서 민주노총 등 투쟁하는 노동자들을 "반국가세력"이라 낙인찍고 척결 대상으로 삼았다. 윤석열과 국힘당이 추진하려던 '노동개혁'이란 이 저항하는 노동자들을 철저히 제거하고 주 60~70시간 동안 말없이 노동하는 '노동기계'를 대량으로 생산하려던 '개악'에 불과했다. 아마도 이번 계엄을 통해 그런 식의 파쇼적 발상을 하룻밤 사이에 구현하려 한 듯하다.

지금도 독일에 가면 그 옛날 집단노동수용소(KZ)들이 역사적 유물로 남아, 살아 있는 교육 현장이 되고 있는데, 흥미롭게도 그 정문마다 이런 구호가 붙어 있다. "아르바이트 마흐트 프라이(Arbeit macht frei.)" 즉, '노동이 너희를 자유케 하리라.' 얼핏, 이는 건강한 근로윤리를 교육시키는 것처럼 보이나 실은 인격체인 사람을 단지 노동 동물(노동력)로만 여기는 것이다. 물론, 그렇게 일을 실컷 시킨 뒤 더 이상 쓸모없는 노동력 소유자들은 가스실에서 한 줌의 재로 변해 갔다. 독일의 나치 시절에 그렇게 죽어간 유대인 등이 6백만 명 이상이다.

　12·3 윤석열 쿠데타는 바로 그런 세상을 원했던 것일까? 자본과 권력을 위해 뼈골이 상접할 정도로 일하다가 무용지물이 되었을 때 가스실 같은 데로 끌려가 한 줌의 재로 변하게 하는 그런 세상을 말이다. 그러나 이는 무한증식을 추구하는 자본에겐 화양연화이나, 사람과 자연에겐 극한지옥일 뿐이다.

　셋째, 무한증식을 추구하는 자본주의 사회경제가 제대로 작동하지 못하고 억지 연명한다는 것은 부채나 투기 경제의 증가에서도 드러난다. 『한국경제신문』에 따르면 "2023년에 국가 채무는 1,126조 7,000억 원으로 이는 GDP의 50.2%에 달한다." 또, 한국은행 자료도 "가계부채는 2024년 3분기에 1,913조 8,000억 원에 이른다"고 했다. 2022년에 한국의 GDP 대비 가계부채비율은 경제협력개발기구(OECD) 최고인 108.1%(전세대금을 포함하면 156.8%)에 달한다. 『조선비즈』역시 "기업부채는 작년(2023년) 말 기준 2,734조 원으로 집계됐다. … 명목 국내총생산(GDP) 대비 기업부채 비율은 2017년 말 92.5%에서 2023년 말 122.3%로 높아졌다"고 했다.

이 수치는 2024년 말에 더 늘었다. 그리하여 (국제결제은행 자료에 따르면) 국가부채, 기업부채, 가계부채 등을 합한 국가 총부채(macro leverage)는 2025년 들어 6,200조 원을 훌쩍 넘어섰고 이는 국내총생산 대비 300%에 이른다. 이런 부채 규모는 갓난아이까지 포함한 한국 국민 5200만 명이 1인당 평균 1억 원 이상의 부채를 짊어지고 사는 꼴이다. 그리고 해마다 나라 살림살이는 자기 역량보다 3배나 되는 빚을 지며 살고 있다. 개인 같으면 '개뿔도 없으면서 방탕하게 산다'고 욕먹을 정도다. 어떤 정당이 집권하는가, 와는 무관하게 나라 살림살이가 정말 부실 덩어리로 돼 가고 있다. 물론, 국힘당 집권기에는 '정당한 명분'도 없는 낭비가 더 심해지면서 부채가 급증한 경향이 있다.

이런 상태에서 '2030 세대'의 미래는 어떤가? 가정과 학교에서는 열공하라 하고, 힘들게 들어간 대학에서조차 낭만과 지성의 빛나는 대학생활은 거의 불가능하다. 또 열공해서 취업 시험에 응시해도 합격은 쉽지 않다. 게다가 어렵사리 합격한들, 내 소망이나 꿈과 전혀 다른 자본의 자기증식을 돕는 부속품밖에 되지 않는 '노동기계' 역할을 강요당하는 현실 속에서, 과연 희망은 어디에 있을까?

이런 상황에서 국가의 최고 책임자나 여당이 하는 모습을 보면 극도로 한심하다. 그러니 저항에 나서는 청년들이 차츰 늘어날 수밖에 없다. 일부 2030 남성들이 극우 유튜버들의 '가짜 뉴스'나 '극우 선동' 등에 휘말려 '백골단' 또는 '1·19 법원 폭동' 등 엉뚱한 짓을 하기도 했다. 그러나 실은 대다수 2030 남성들은 내심 불안한 구석이 많긴 해도 (극우 선동에 쉽사리 휘말리지 않을 정도로) 여전히 건강한 면도 있다.

실제로 12·3 내란 사태 이후 윤석열 탄핵 광장에 나온 남녀 청년들을 보면 희망이 있다. 특히 '남태령 대첩'(12월 21~22일)으로 불리는 농민 트랙터 시위대와 2030 여성들의 연대,* 그리고 폭설이 내린 한남동 관저 앞에서의 '키세스 시위대'(1월 5~6일)는 눈물겨운 역사의 한 장면들이었다. 물론, 남성들에 비해 더 열악한 2030 여성들이 최근 '빛의 혁명' 과정에서 독보적인 모습을 보인 점을 기억할 필요가 있다. 그리고 이들의 모습은 다른 연령대의 남성이나 여성들에게 좋은 귀감이 되었다는 점도 부정할 수 없다. 이렇듯, 객관적 상황이 어렵다고 해서 무조건 주체

* 강광석. (2025). "28시간의 남태령", 시민언론 『민들레』, 2025. 12. 25.

적 의식이나 행동이 위축된다고만은 할 수 없다. 오히려 갈수록 주체적 의식이 깨어나고 조직과 연대가 활성화하면서 힘든 객관적 상황조차 정면 돌파하려는 젊은이들이 나타나고 있다. 매우 희망적인 모습이다.

'비상계엄'의 필요성을 느꼈던 자본과 권력의 입장에서는 이미 그 이전부터 청년들이 서서히 정치적 관심을 갖기 시작하고 이런 식으로 시위나 저항에 동참하는 걸 참을 수 없었을 것이다. 이들의 움직임을 '조기 차단'하기 위해서라도 비상계엄을 통한 정국 전환, 그리고 섬뜩한 '암살 대상자 명단' 같은 게 필요했을지 모른다.

이 모든 맥락을 감안하면서 이번 계엄의 성격을 종합하면 이렇다. 12·3 계엄은 자본의 잘못된 가치증식 운동에 대한 성찰이 부재한 상태에서, 나아가 철학도, 전략도 없는 경제 운용 및 국가 경영에 대한 참된 반성 없이, 오로지 문제 제기자들을 "종북 반국가세력"으로 낙인찍어 제거하면 사태가 해소될 것으로 착각한, 매우 어리석은 자살 행위에 불과했다. 이는 마치 자본의 죽음 충동(증식을 위해 효율 경쟁을 하지만 본의 아니게 총체적 파국으로 치닫는 경향)을 흉내 내는 것과 유사하다(안젤름 야페, 『파국이 온다』 참조).

이제 '국민의힘' 정당은 더 이상 국민에게 힘이 되기는커녕 국민의 '짐' 내지 '걱정거리'만 되기에 조속히 해체하는 게 마땅하다. 정말 합리적 보수 정당이라면 국토(바다 포함)를 건강하게 보존하고, 공동체를 수호하며, 정직해야 한다. 그러나 '국힘당'은 국토를 예사로 파괴할 뿐 아니라 공동체 해체와 각자도생 분위기를 조장했으며 예사로 거짓말을 해왔다. 내란 수괴인 윤석열을 낳았을 뿐 아니라 123일간의 내란 과정에서도 대다수는 윤석열의 편을 들었기에 '내란당'이란 별칭까지 얻었다. 따라서 더 이상 존속의 이유가 없다.

만일 우리가 이번 사태를 위와 같이 정리한다면, 단지 계엄 세력들을 단죄하는 것에 그치지 않고, 또, 나아가 민주당 중심의 새로운 정부를 수립하는 데만 골몰하지 말고, 진정으로 사람답게 사는 '4생의 세상(생존, 생활, 생명, 공생)'에 대해 깊이 고민, 소통하고 토론해 나가야 한다.

곰곰 생각해 보면, 1894년 동학농민전쟁 이후 대한민국은 아직도 민주주의가 뿌리를 내리지 못했다. 조선 이후 일제와 미군정, 그리고 그 뒤 70~80년 대한민국 역사에서 늘 '강자동일시' 심리로 센 놈에 빌붙은 기득권층이 권력을 독점하고 대다수 민중 위에 군림해 왔다. 그 사이 '주식회사 대한민국'은 세계 10대 강국이라 할 정도로 급성장했으나 여전히 내실은 없다. 민주주의도 수시로 '퇴행'을 반복하고(상대적으로 나은 민주당 정권 역시 예외 아님), 사회경제 불평등은 심화하며, 그 사이 노동소외, 자연 생태계 훼손, 기후위기 등이 심화한다.

따라서 한편에서는 자본주의에 대한 깊은 성찰과 체계적 토론이, 다른 편에서는 민주주의와 생태주의에 대한 진지한 검토와 실천적 고뇌(예, 생태전환 교육, 체제전환 운동)가 따라야 한다. 물론 한국 자본주의의 특수성, 곧 (세계 자본주의 안에서) 후발 주자이면서 반주변부 자본주의 성격을 띤다는 점, 그리하여 노동자 대중을 사회적으로 통합할 물적 토대가 취약하다는 점을 간과해선 안 된다.

　즉, 서양을 흉내 내지 말고 전혀 다른 길을 모색해야 한다는 얘기다. '탈(脫) 자본, 진(進) 생명'이라는, 생태민주주의 구호를 중심으로 우리 나름의 길을 모색하면서도 마음이 통하는 세계 각국과 우호적인 연대 관계를 맺으며 새로운 길을 개척해야 한다. 나아가 기존의 길과 전혀 다른, 이런 새로운 길을 찾아나가자는 제안에 우리가 자신도 모르게 부담이나 두려움을 느끼는 이유(예, 우리 내면 깊이 자리 잡은 트라우마와 폭력의 경험들)가 무엇인지에 대해서도 편히 둘러앉아 열린 대화를 나누기 시작해야 한다.

　이런 사회적 고뇌와 진지한 토론 과정이 없다면, 자유로운 새 주체(함석헌 선생이 말한 '씨을'들)의 탄생이 없다면 아무리 새로운 정권을 창출해 봐야 또다시 비슷한 오류를 반복하며 허송세월할지 모른다.

　특히 민주당 등 야당들이 더 분발하고 소통하고 연대해야 한다. 단순히 내란 사태를 바로잡고 상식적인 사회를 만드는 개혁 정도에 국한할 일이 아니란 얘기다. 즉, 자본이 만든 상품사회의 근본 원리를 넘어 참으로 사람과 사람, 사람과 자연이 공생하는 새 세상을 열어야 한다.

그리하여, 화폐·상품·노동·가치·시장·국가 물신이라는 허리케인이 휩쓸고 지나간 뒤 남게 될 폐허의 시·공간을 과연 무엇으로 채워야 우리 모두에게 '좋은 삶(부엔 비비르)'이 가능해질 것인지에 대해 함께 토론해 나가야 한다. 이 지난한 과정들이 곧 참된 민주주의를 만들어 나가는 길이다.

여성은 '출산하는 기계'가 아니다

"정말 큰일이야, 이러다가 나중엔 대한민국 멸망한대!"
"맞아, 이러다가 우리나라 없어지는 게 아닌지 몰라! 진짜 문제야!"

무슨 소리들인가? 한 나라가 멸망하는 원인도 다양할 텐데, 뭐가 그리 큰일이라고 호들갑을 떨까? 국가를 경영하는 일부 세력들이 공공의 돈인 혈세를 차곡차곡 빼먹는 일을 지적하는 말이 아니다. 마른하늘의 날벼락 같은 '한미일 군사동맹'으로 아시아에서 전쟁 가능성이 높아지는 긴장감을 표현하는 말도 아니다. 이른바 '저출산-고령화' 문제를 일컫는 말이다.

몇 가지 수치를 보자. 데이비드 콜먼 영국 옥스퍼드대 명예교수(미래인구예측 연구팀)는 경제협력개발기구(OECD) 38개 국가 중 한국이 "인구소멸국가 제1호"가 될 것이라 했다. 2015년 출산율 1.24명을 기준으로 할 때 2750년이 되면 대한민국 인구=0이 된다는 얘기!

한편, 지구가 망하면 우주로 탈출해야 한다는 생각에서 세계 최고 부자들의 '구명보트'를 실험 중인 일론 머스크(테슬라 CEO)도 한국이 3세대 안에 인구가 붕괴돼 지도에서 사라질 것이라는 예언을 했다. 그런 예측들의 근거는 당연히 대한민국의 유례없는 저출산 기록이다.

합계출산율이란 개념이 있다. 가임 여성(15~49살) 1명이 평생 동안 낳는 출생아 수의 평균치다. 이 합계출산율이 한국에선 1965년 6명, 1970년 4.07명, 1983년 2.08명, 2003년 1.19명, 2018년 0.98명, 2021년 0.81명, 2022년 0.78명, 2023년 0.72명으로 떨어졌다. 2024년은 0.75명으로 약간 올랐으나 여전히 심각하다. 시간이 갈수록 출산율이 떨어지는 것도 문젠데, 그 추락에 가속도가 붙어 더 빨리 줄어든다. 대체로 인구유지에 필요한 합계출산율을 2.1명으로 보는데, 이런 상황에선 인구유지는커녕 '소멸'이 두려워진다.

다른 나라들과 비교하면 그 심각성이 또 달리 도드라진다. 2021년 기준 합계출산율은 이스라엘 3.0명, 프랑스 1.83명, 미국 1.6명, 영국 1.56명, 독일 1.53명, 일본 1.3명이었는데, 한국은 0.81명이었다. 1명이 안 되는 수준이다. 세계 최저를 기록하는 홍콩, 마카오와 비슷하다.

한국은 경제협력개발기구(OECD) 회원국의 평균치(1.56명)에도 훨씬 못 미칠 뿐 아니라 초(超)저출산 기준인 1.3명보다도 떨어진 지 20년 이상이다.

인구학자들에 따르면 출산율이 1명도 안 되는 이런 상황은 전쟁이나 기아 같은 재난 시기에 나타나는 현상이라 한다. 단순한 '인구절벽'을 넘어 가히 '인구재앙'이 닥친 셈이다.

2023년에 태어난 아기들은 23만 명이었는데, 사망자는 35만 명이었으니, 단순 인구수로만 보면 12만 명이 '적자' 수준이다. 갈수록 적자가 늘 전망이다. 이렇게 출생자보다 사망자 수가 더 많은 인구 데드크로스(dead cross)는 우리나라에서 이미 2020년부터 시작됐다. 살림이 늘기는커녕 갈수록 쪼그라들면 파산은 시간문제다. 억지로 파산의 시각을 겨우겨우 늦출 순 있겠지만 얼마나 버티겠는가?

이제 정리해 보자. 출생아보다 사망자가 많으니 갈수록 '인구 적자'가 오는데, 합계출산율을 보면 0.6명대를 기록한다. 한 여성이 평생 1명도 못 낳는 상황이다. OECD의 다른 나라들도 출산율이 그리 높은 건 아니나 한국이 가장 심한 편이다. 명백히 전쟁도, 기아도 없는데, 현실은 전쟁이나 아사 상황과 유사한 징후를 보인다. "이러다 대한민국 망하게 생겼다"라는 호들갑이 전혀 근거 없는 게 아니란 말이다.

한편, 저출산과 더불어 등장하는 단골손님이 있다. '고령화'다. 통계청에 따르면 2023년 한국의 고령자(65세 이상) 가구는 565만 5천 가구로, 매년 점진적 증가 추세다. 이 중 37.8%인 213만 8천이 일인 가구(독거노인)다. 또, 2024년 8월 기준, 고령자 개인이 1000만 명을 넘어 전체 인구의 19.6%(약 1007만 명)를 기록했다.

국제연합(UN) 기준으로, 전체 인구에서 65세 이상이 차지하는 비율인 고령자 인구 비율이 7% 이상이면 고령화 사회, 14% 이상이면 고령 사회, 20% 이상이면 초고령 사회로 정의된다. 2025년엔 한국도 '고령 사회'를 넘어 '초고령 사회'(65세 이상 인구 20% 이상)에 진입한다. 노인 빈곤도 문제지만, 인구의 고령화는 결국 요양병원 같은 의료자본에게만 새로운 돈벌이 기회를 연다.

사실, 자본에게 더 큰 문제는 출산율인데, 앞서 말한 합계출산율의 세계 평균(세계은행 통계)은 1968년 5명이었는데 56년째 내리막길이다. 그것이 1969년에 4명대로 진입했고 1977년(3.8명) 3명대, 1994년(2.9명) 2명대로 추락했다. 2021년엔 2.3명인데 1960년대에 견주면 반타작이다.

『파이낸셜타임스』도 "대부분 선진국은 한 세대 인구가 다음 세대로 온전히 교체되는 출산율인 2.1명에 한참 미치지 못한다" 했고 "개발도상국마저 하향 궤도로 진입하고 있다"며 우려했다.

여기서 잠시 관점을 달리하자. 우리는 인구 증감이나 (약 180년 전 마르크스가 『자본』에서 말한바) "자본주의 생산양식에 고유한 인구법칙"으로서의 "과잉노동인구" 등을 논할 때, 단지 여성의 합계출산율만을 고려하면 안 된다. 그렇게 되면, 여성이 임신과 출산에 대해 자기결정권을 가진 인격체란 점을 간과하기 쉽다. 사실, 『자본I』에서 마르크스 역시 인구증가를 자연법칙처럼 간주했다. 당시 시대 상황을 고려하면 인구증가를 자연의 법칙으로 보는 건 당연했다. 오죽하면 케임브리지대 출신의 경제학자, 토머스 맬서스조차 "식량은 산술급수적으로 증가하는데 인구는 기하급수적으로 증가"해서 문제라고 했을까? 여기서 맬서스의 인구법칙이 얼마나 엉터리인지는 굳이 다루지 않겠지만, 인구증가 자체는 당시의 시대 상황에서 부정할 순 없었다. 특히, 영국 런던은 자본주의 산업화의 중심지였으니까.

그러나 내가 여기서 문제 삼고자 하는 것은, 해마다 단골손님처럼 등장하는 뉴스이자 국가 정책의 중요요소로서도 '약방의 감초' 격인 저출산 이슈를 보는 '눈'이다. 개인이든 기업이든 대학이건 국가건 무관하게, 우리가 출산율 문제를 다룰 때는 한결같이 여성을 '출산기계'처럼 취급하고 있다는 점, 바로 이것이야말로 인구 문제를 다룰 때 가장 큰 맹점이란 얘기를 하고 싶다.

다시 말해, 온 세상이, 아니, 자본주의 사회 일반은, 여성을 당연히 "출산하는 존재"라며 이미 당연하게 주어진 상수로 전제한 채, 약간의 장려금(인센티브)만 제공하면 거의 조건반사적으로 출산을 많이 할 것으로 착각하는데, 바로 이것이 가장 곤란한 점이자 함정이라는 것이다. 그렇다면 왜 한국을 비롯한 자본주의 사회 일반에서, 여성의 출산(여성을 출산기계로 보는 시각)을 전제로 한 인구 문제에 그토록 매달릴까?

첫째, 근대 국가의 3요소는 주권, 영토, 국민이다. 국민이 없으면 국가 자체가 성립하지 못한다. 사실, 원칙적으로 보면, 민중은 국가 없이도 존재 가능하지만 국가는 민중 없이 존재할 수 없다. 따라서 국가 경영자 입장에서는 국민이 왕성하게 재생산되는 것이 필수다.

둘째, 국가 경영을 하는 데 필요한 재원은 어디서 나오는가? 여러 재원이 있을 수 있지만 가장 핵심은 세금이다. 그 세금의 핵심은 또 무엇인가? 그것은 자본주의 국가에서 자본이 이윤을 벌고, 또 노동이 임금을 버는 데서 나온다. 노동자의 임금은 근로소득세의 원천이요, 자본가의 이윤은 법인세의 원천이다. 자본주의에서 모든 상품이나 거래에는 부가세 등이 붙는다. 또 개인이건 기업이건 재산세를 낸다. 세대 교체가 될 때는 상속세도 있다. 이 모든 것이 세금을 구성하고 국가 전체를 먹여 살린다. 특히 대통령이나 국회의원에서 동사무소에 이르기까지 모든 공무원들을 먹여 살린다. 결국, 국민이 많아야 노동력이 많아질 것이고 노동이나 자본에서 나오는 세금이 확충된다.

셋째, 일단 자본주의 사회는 겉으로 보면 자본이 노동력을 고용하니까 자본이 노동을 먹여 살리는 것으로 보인다. 그러나 자본주의를 총체적으로 보면, 또 장기적으로 보면, 노동자가 대를 이어 노동을 하지 않으면, 또 대를 이어 상품을 사주지 않으면 자본주의는 버티지 못한다. 조금만 깊이 들여다보면, 인정할 수밖에 없는 진실이다. 사실, 지금도 상품은 산더미처럼 쌓여 있는데, 이걸 사줄 구매력이 없어서 '돈맥경화' 현상까지 나온 게 아닌가? 민주당 이재명 대표의 '25만원 생활지원금' 아이디어에 수많은 이들이 동조하는 것 역시 이런 돈맥경화를 서둘러 해소하자는 얘기 아니겠는가? 여기서도 알다시피, 자본이 노동을 먹여 살리는 게 아니라 노동이 자본을 먹여 살린다고 보는 게 사태의 진실에 접근하는 것이다. 노동자는 곧 소비자이니, 결국 사람이 자본을 먹여 살리고 있다.

그런데 우리는 여성을 당연히 '출산기계'처럼 생각하고, 아이를 당연히 낳아야 한다면서도 정작 여성과 남성, 아이들과 어른들, 즉 사람이 자본주의 사회를 먹여 살리고 있다는 생각은 하지 않는다. 사람이 자본주의를 먹여 살리기 위해 대를 이어 사람을 낳고 기르며 또 과학과 기술을 동원해 자연 생태계로부터 원료나 에너지를 부단히 퍼낸다.

어느 에너지 회사는 "I'm your Energy." 즉, 내가 바로 당신의 에너지입니다, 라고 외친다. 그러나 나는 이 구호를 거꾸로 돌려 "사람이 자본의 에너지가 되고 만다."고 생각한다. 사람이 자본증식을 위한 도구로 변함과 동시에 생명의 토대인 자연 생태계마저 사람이 부단히 파괴하여 자본에 갖다 바친다. 그런 자본주의 구도 속에서 과연 사람은 진정 행복할 수 있을까? 이런 문제의식을 갖게 되면 우리는 전혀 다른 결론을 얻는다. 그것은 자본주의 돈벌이가 잘 되어야 우리가 행복해지는 게 아니라, 오히려 사람들, 즉 여성과 남성, 아이들과 어른들이 모두 행복해져야 온갖 문제들이 제대로 풀린다는 결론이다.

만일 발상을 전환해 이런 사태의 진실을 진지하게 수용하면, 완전히 다른 접근법이 나올 것이다. 즉, 한 아이가 태어나 (스트레스 아닌 해피니스의 느낌으로) 행복하게 성장하고, 성인이 되어 혈기 왕성할 때 사회경제 활동을 보람 있게 하다가, 언젠가 인생을 마무리할 무렵, '그동안 참 행복하게 살았노라, 그래서 정말 고마웠노라.' 하면서 나비처럼 훌훌 날아갈 수 있는 사회, 그런 사회를 만든다면 굳이 '저출산-고령화' 문제를 걱정하지 않아도 된다. 사람들이 저절로 잘 알아서 할 것이란 얘기다. 이런 시각을 갖지 않고 여성을 '출산기계'로 전제한 위에서 속물처럼 "지난 10년간 100조 원이나 투입했는데 무용지물"식의 발상은 그야말로 그 자체가 헛수고를 하고 있는 셈이다.

이제 분명해졌다. 인구 문제, 특히 저출산 문제를 단지 노동력 부족이나 세수 부족 차원에서 볼 게 아니라 임신, 출산, 경제활동을 둘러싼 사회정치적인 문제, 특히 출산과 양육이 정말 인간적으로 가능한 사회적 여건을 충분히 구축했는지 하는 차원의 문제임을 보아야 한다. 온갖 권력 쟁투나 이권 관계 차원을 넘어, 진심으로 '사람 사는 사회'를 만들면 모두 자연스럽게 해소될 문제라는 얘기다. 이런 시각을 고치지 않는 한, "정말 큰일"이다.

그 많던 '공정과 상식'은 다 어디로?

30여 년 전 1994년 7월 초, 독일 브레멘 대학 세미나실, 나는 브레멘대 교수 5명, 학생회 대표 1명 앞에서 발표를 준비하고 있었다. 내 박사 학위 청구 논문(「Fordismus und Hyundäismus. Rationalisierung und Wandel der Automobilindustrie」[한·독 자동차산업의 경영합리화와 노사관계]) 심사일이었다. 그 두어 달 전에 논문은 미리 제출되었고 그 사이 두 명의 지도교수와 다른 세 명의 심사위원 및 위원장이 내 논문을 꼼꼼히 읽은 상태에서 최종 구술시험(rigorosum)이 진행됐다.

통상적 심사 교수들 외에 학생회 대표(여학생 한 명)도 참석했는데, 나는 '웬 학생인가?' 하고 속으로 물으며 의아해했다. 알고 보니, 그는 독일식 '공동결정(Mitbestimmung)' 문화의 산물로, 논문 심사에 '부당한' 일의 유무를 모니터링하는 옵저버였다.

이 경우 부당한 일이란 크게 두 가지일 텐데, 하나는 학위 청구 논문의 수준이나 내용에 여러 문제가 많음에도 교수들이 아주 형식적인 절차만 거쳐 통과시키는 일이고, 다른 하나는 논문 자체는 훌륭한데 교수들 간 갈등, 또는 특정 심사자가 별 근거 없이 흠집을 잡는 탓에 통과되지 못하는 일이다. 그 옵저버 학생은 이 모든 부당 행위를 모니터링했다.

나는 약 20분간 논문의 동기와 개요, 핵심 주장인 기본 테제, 그 테제를 뒷받침하는 실증 근거와 결론을 체계적으로 발표했다. 그 뒤 심사위원 교수들의 다양한 질문에 나름 최선을 다해 답했다. 모두 독일어로 진행된, 엄격한 시험(rigorosum)이었다. 얼마나 긴장했던지 등에 땀이 송송했다. 1시간여 지나 심사가 종료되었다. 교수들은 흡족해했고, 결과는 '준최우등(magna cum laude)'이었다. 공식 심사 완료 후 교수들은 샴페인 한 잔을 권하며 마음으로 축하해 줬다. 귀국 비행기에서 나는 '공부해서 남 주자!'던 초심을 또 다짐했다.

그러나 독일 사회라고 100% 완벽한 건 아니다. 일례로, 독일 프랑켄 귀족 가문 출신의 정치인(기독교사회당)으로 미래의 총리감이라 주목받던 카를 테오도어 구텐베르크 남작(Karl-Theodor Freiherr zu Guttenberg) 사례를 보자. 그는 1971년생으로 1992년부터 1999년까지 바이로이트 대학을 다녔다. 그리고 2007년, 같은 대학에서 「헌법과 헌법조약-미국과 유럽 헌법의 발전단계」란 논문으로 최우수(summa cum laude) 평가를 받아 박사가 됐다. 그 뒤 그는 '독일의 케네디'란 별칭까지 얻으며 승승장구, 2002년부터 연방 의원, 2009년 2월 기술경제부 장관, 10월엔 국방장관이 됐다. 당시 세계적 명성이 높던, 보수파 기독교 민주당 앙겔라 메르켈 정부(2005~2021) 시절! 그랬던 그가 2011년에 박사 논문 표절 논란으로 모든 공직에서 돌연 사퇴했다.

알고 보니, 그 논문은 문제투성이였다. '복사하기+붙이기' 흔적(표절률)이 무려 94%까지 나왔다. 흥미롭게도 내가 공부한 브레멘 대학의 법학과 안드레아스 피셔-레스카노(Andreas Fischer-Lescano) 교수가 위 구텐베르크 박사의 논문에 대한 비판을 전문학술지에 게재했는데, 논문에서 매우 '이상한' 점들을 많이 발견했던 것! 그 논문엔 출처 명시 없는 무단 도용이 전체 475쪽 중 300쪽이나 됐다(『한겨레』, 류재훈 기자, 2011.3.2). 페이지 수만으로도 무려 63%! 요즘은 표절 검색 엔진이 발달해, 원문 파일을 입력하면 짧은 시간 안에 세계의 유사 논문이나 책이 자동 검출돼 표절 의심 구절들이 정확히 표시된다.

피셔-레스카노 교수는 많은 보수 우파들로부터 '욕먹을' 각오를 하고 이 문제를 학술 논문에 썼다. 독일 언론 『쥐트도이체 차이퉁』은 피셔-레스카노 교수의 의견을 근거로, 구텐베르크의 표절 의혹을 특종 보도했다. 이후 네티즌들이 '집단 지성'으로 해당 논문을 세밀 검증한 결과 표절 페이지를 대거 찾아냈던 것! 독일 대학에서 이런 일은 상상 불가인데, 일단 표절이 확실한 이상 독일 학계는 일어섰다. 삽시간에 교수 및 연구자 5만여 명이 구텐베르크 장관을 "카피베르크"라 부르며 연대 서명으로 사임을 요구했다.

구텐베르크 장관은 처음엔 "의도치 않은 실수", "싸울 준비가 됐다"며 버티기 작전을 썼다. 하지만 독일 의회가 그 논문은 의회 연구조사원들의 보고서 표절임을 공식 발표했고, 이를 엄중히 여긴 바이로이트 대학은 언론 보도 '1주일 만에' 그의 박사 학위를 취소했다. 전국이 끓어오르자 그는 기자회견을 열고 "역량의 한계"라며 한 달도 못 돼 전격 사임했다.

이에 비해 2022년 5월부터 대통령 영부인이 된 김건희 '박사'의 2008년 국민대 '박사' 학위 논문(「아바타를 이용한 운세 콘텐츠 개발 연구」) 건은 어떻게 '유지(yuji, maintenance란 단어가 생각나지 않았던지 영어 제목에 유지[yuji]를 발음대로 썼고, 심사자들도 이를 지적하지 않은 코미디)'되었던가? "학문 분야에서 통상적으로 용인되는 범위를 심각하게 벗어날 정도의 연구부정 행위에 해당하지 않는 것으로 판단"한 국민대 측의 발표는 과연 떳떳이 '유지(yuji)' 가능한가?

같은 질문은 '석사' 학위를 준 숙명여대에도 해당한다. 이 문제가 불거지자 민주화교수협의회 등 전국 14개 교수·학술 단체들이 "박사 아닌 복사 논문"이라 비판해도 해당 대학들은 같은 태도를 '유지(yuji)'했다.

그렇게 끌고 끌던 논문 표절 논란이 숙명여대에서 마침

내 2025년 2월 말경 '표절'로 판명됐다. 숙명여대는 김건희의 미술교육학 석사 논문(「파울 클레의 회화의 특성에 관한 연구」)을 놓고 표절 논란이 일자, 숙명민주동문회 등의 제보를 받아 2022년부터 조사에 착수했다. 통상적으로 하루 만에 판명할 수 있는 건을 권력자 가족이라는 이유로 '이상하게' 3년 가까이 끌었다. 마침내 2025년 2월, 숙대 측은 해당 논문을 '표절'로 결론 내리고 이를 김 여사와 숙명민주동문회 쪽에 통보했다. 김건희와 보수 언론들은 이에 대해 '침묵'으로 답했다.

이에 국민대 측에서도 그 박사 논문의 표절 여부에 대해 다시 검토해 발표한다고 했는데, 무슨 영문인지 지금까지 아무 말이 없다. 일각에서는 국민대 재단 측이 도이치 모터스 주가 조작 사건에 연루된 것과 연관이 있지 않나, 하는 의혹이 일기도 했다. 박사 논문과 주가 조작이 이상하게 연결돼 있기에 하나를 밝히면 다른 하나도 위험해지기 때문에 어느 하나라도 제대로 밝히기 어렵다는 얘기다. 믿고 싶지 않은 이야기지만, 과연 아무 근거가 없는 것인가? 향후 검찰 개혁과 더불어 정확히 해명되어야 할 과제이기도 하다. 오호통재라, 이 모든 일련의 태도들은 과연 올곧음의 소산인가, 두려움의 결과인가?

또 하나. 2018년 대한민국 대법원은 전원합의체 판결로 신일본주금(일본제철) 강제동원 피해자들(원고)의 손을 들어주고, 일본의 전범기업이 피해자들에게 배상하라고 판시했다. 이는 오랜 세월 인간 존엄성 회복을 위해 투쟁해 온 노동자의 승리다. 또, 역사적 정의 실현을 위해 진력한 한·일 시민사회의 쾌거다. 2023년 12월에도 두 차례 연속으로, 일제강점기 강제동원에 대한 일본 전범기업의 배상 책임을 인정한 대법원 판결들이 나왔다. 대법원이 일제 강제동원 피해자와 유족이 일본기업을 상대로 낸 제2차 손해배상 소송에서 신일본주금과 미쓰비시중공업, 히타치조선 등 피고기업에 배상 책임이 있음을 재확인한 것!

제2차 세계대전 당시 일본의 '전범 기업'들은 영화 〈군함도〉에서도 잘 묘사되듯, 한편으로 노동력을 헐값으로 강제 동원했고 다른 편으로 종군 위안부란 이름 아래 젊은 여성들을 성 노예화했다. 예컨대, 미쓰비시는 하시마 탄광 등 280여 작업장에서 조선인 노동력을 강제 동원했다. 미쓰이 역시 미이케 탄광 등 219개 현장에서 노동력 강제 동원을 자행했다. 스미토모 또한 광산 노동자를, 도요타(미쓰이)나 닛산 자동차 역시 노동력을 강제 동원했다. 한편 오늘날 맥주로 유명한 기린(미쓰비시가 지분 투자), 삿포로(미쓰이), 아사히(스미토 출신 사장) 등도 전범 기업과 내적 관련이 있다. 또, 카메라로 유명한 니콘은 태평양전쟁 당시 광학무기를 생산했고, 모리나가 제과는 당시 전투식량 등 군수물자를 납품하는 전범 기업이었다.

지하철 스크린도어나 산업용 로봇으로 유명한 나부테스코(나부코) 역시 전범 기업으로 자본 축적을 했다. 전동차나 모노레일을 만드는 히타치제작소도 마찬가지 전범 기업이다.

이러한 전범 기업들의 행위는 식민지 조선인들을 존엄성을 가진 인간으로 간주하지 않고 오로지 노예와 다름없는 취급을 한 것이다. 그나마 다행히도 뒤늦게나마 1990년대 들어 일부 일본 정치가들이 식민지 지배 역사나 노동력 강제 동원에 대해 인정하고 사과하기 시작했다. 대표적으로, 일본 정부는 고노 담화(1993)를 통해 일본군 위안부 강제 동원을 인정했고, 무라야마 담화(1995)에서는 전쟁범죄에 대해 사죄했다. 그 뒤 김대중-오부치 공동선언(1998)으로 식민 지배에 따른 한국인의 고통과 손해에 대해 사죄를 표명했다.

이어 이명박 정부 때인 2011년 8월, 한국 헌법재판소는 "위안부 문제의 외교적 해결 노력을 하지 않는 것은 위헌"이라 판시했다. 그 뒤 박근혜 정부 때 일본은 현안-과거사를 분리해 양국이 현안에서 협력하자고 했는데, 정부는 (여론을 의식해) 위안부 문제 해결 없이는 현안에 협력할 수 없다고 강경하게 맞섰다. 결국 2015년 12월 일본 총리가 공식사과하고 일본국가예산으로 10억 엔을 출연, '화해치유재단'을 만들어 과거 위안부들을 지원하는 식으로 합의, 종결하려 했다. 그러나 이는 당사자들의 직접 사과와 합의 과정을 배제한, 상부 지배층 간의 담합이었기에 위안부 피해자들과 시민사회는 강한 배신감으로 저항했다.

이 장면은 영화 〈밀양〉(이창동 감독, 2007년)을 떠올리게 한다. 남편을 잃은 신애가 어린 아들(준)을 데리고 남편 고향(밀양)에 정착하려 한다. 신애의 뭉칫돈을 노린 웅변 학원장이 준을 유괴, 살해한다. 그 사이 (심적 고통 속에) 신자가 된 신애는 감옥의 유괴범을 직접 만나 하나님의 뜻을 전하려 한다. 그러나 유괴범은 극히 멀쩡했고, 그가 되레 신애를 위로하며 "나는 이미 하나님께 용서를 받아 마음이 편안하다" 했다. 으악! 정작 피해자 자신이 용서하지 않았는데, 과연 누가 용서를 했으며 어떻게 평화를 얻었단 말인가? 이 부당함, 이 불의를 누구에게 호소할까? 과연 하나님은, 또, 국가란 무엇인가?

그런 분위기를 반영하듯, 문재인 정부 때(2018년 10월) 대법원 전원합의체 판결이 일본 전범 기업들의 강제동원 피해자에 대한 사과와 배상 의무를 공식화했다. 그러나 당시 일본 아베 정부는 (식민 지배의 합법성을 근거로) 한국 정부가 강제동원피해자 문제를 스스로 해결하지 않는다면 현안 협력도 불가하다며 강경 대응했다. '배 째라'식 전략이었다!

그런데 2022년 5월 출범한 윤석열 정부는 말로는 "2018년 대법원판결을 존중하고 이해한다"면서도, 실제로는 일본보다 더 일본 같은 모습을 보인다. 일례로, 윤 정부는 2023년 3월, 2018년의 대한민국 대법원 판결과 달리, 한국 '일제강제동원피해자지원재단'(한국 기업들의 출연금으로 조성)이 피해자들에게 배상금을 '대신' 내주되 피고인 일본기업에는 구상권을 청구하지 않는다는 '제3자 변제안'을 제시했다. 그 상황에서 나온 2023년 12월 두 차례의 대법원 판결은 (2018년 최초 판결과 같이) 윤 정부의 '제3자 변제안'이 부당함을 간접 피력한 것!

생각해 보라. 일본 전범 기업들이 자행한 강제 노동에 대해 왜 한국 기업들이 돈을 내야 하는가? 물론, 자본에는 국적이 없다지만, 이건 아니지 않은가. 아직도 강제동원 피해자들이 제기한 유사한 소송들이 100건이 넘는다. 대한민국 대법원이 판결한 것은 (위헌이 아닌 이상) 대통령도 무조건 지켜야 한다. '국헌 준수'는 대통령 선서의 기본이 아니던가. 만일 대통령이 나서서 대법원 판결을 어긴다면 더 이상 대통령직을 수행해선 안 된다.

바로 이런 논거로 이미 남북통일 운동이나 '디올백' 사건으로 유명해진 최재영 목사는 2024년 4월 19일 '최재영 목사의 금요 캐비넷' 제14화 동영상에서 "범야권은 윤석열 조기 탄핵에 목숨을 걸어라!"고 호소했다. 이미 현 21대 국회가 2023년 3월의 '제3자 변제안'에 대해 대통령 탄핵안을 제출했어야 마땅하다는 것! 물론, 최 목사는 그 외에도 도이치모터스 주가조작, 해병대 채상병 사망 수사

외압, 일본 후쿠시마 핵 폐기수 방류 허용, 양평 고속도로 비리, 전쟁 위기 조장 등 수많은 이슈가 대통령 탄핵의 근거라 강조한다.

바로 이 지점에서 2023년 4월, 독일의 프랑크 슈타인 마이어 대통령이 폴란드에 가서 "역사적 책임엔 끝이 없다"고 한 말을 기억한다. 그는 80년 전(1943년) 4월 19일부터 5월 16일까지 바르샤바 유대인 게토에서 나치에 대한 저항이 일어나자 독일 군경이 유대인을 무자비하게 학살한 사건을 진심으로 사과했다. "저는 과거 나치가 저지른 범죄에 대한 우리의 책임, 그리고 함께할 미래에 대한 책임을 인정합니다. 전쟁 후 처벌받은 가해자들이 너무 적었던 것이 사실입니다. 저는 이 자리 여러분들 앞에 서서 독일이 여기서 저지른 범죄에 대해 용서를 구합니다." 이 사죄가 '진심'인 것은 "역사적 책임엔 끝이 없다"는 기본 태도 때문! 사죄나 용서는 결코 배상금 내지 위로금 몇 푼으로 '종결'되지 않는다. 그렇게 종결되는 건 자본주의 '등가교환 법칙'일 뿐! 역사적 잘못에 대한 '영원한 사죄'의 마음이 동반돼야, 용서도 화해도 평화도 가능하다. 이게 '생명평화 법칙'이다.

이런 관점에서 보면, (대법원 판결을 정면 무시하는) '제3자 변제안'도, (학계의 상식을 정면 배신한) 김건희의 박사 논문도, 전혀 가당치 않은 일이다.

그리하여 2022년 대통령이 될 당시에 윤석열 후보가

주창한 '공정과 상식'은 바로 그 자신을 겨누는 부메랑으로 되돌아왔다. 아니, 차라리 그것은 대통령 자리를 낚아 올리는 '미끼 상품'에 불과했다. 그러나 바로 그 미끼 상품들로 말이암아 윤석열은 '그 좋은' 대통령 자리를 스스로 박탈당하고 말았다.

오호 통재라, 이런 모습들은 단지 개인적 차원의 실수가 아니라 대한민국이라는 사회 정의의 문제다. 대법원도 하나님도 대학가도 '사회 정의'를 바로 세우지 못한다면, 과연 이를 누가 바로잡을 것인가?

기후재앙은 공장 문 앞에서 멈추지 않는다

또… 노동자가 죽었다. 2024년 9월 9일 늦은 밤, 한화오션(거제사업장, 구 대우조선해양) 사내하청 소속 노동자(41세)가 32m 추락해 사망했다. 그 불과 3일 전, 노동부가 (리튬전지 제조업체) '아리셀' 대표이사 등 3명에 대해 검찰에 '기소 의견'을 낸 바 있다. 중대재해처벌법, 산업안전보건법, 파견근로자보호법 위반 등 혐의였다! 아리셀은 2024년 6월 24일 화재로 32명 사상자를 냈다. 그렇게 여기저기서 유사한 사고들이 발생해도 '남의 일이 아니'라며 자성을 하는 모습이 별로 없다. 자본의 사전엔 '타산지석'이 없는 모양이다. '막상 재해가 발생할 때까지 무재해 사업장'으로 자부하며 안일하게 대처할 뿐이다.

한화오션은 이미 연초인 2024년 1월 12일 가스폭발 사망, 또 1월 24일 잠수 작업 중 사망에 이어, 9월엔 추락 사망까지 기록했는데, 그 전인 8월 19일, 온열질환 의심(허혈성 심장질환) 사망도 있었다. 이로써 한화오션은 경남 노동계가 뽑은 '최악의 살인기업'으로 선정되었다.(2025년 4월 24일) 사상 최악의 폭염 속에 온열질환(열사병) 사망자가 쌓이는데, 기존 산재사망과 다른 양상이다.

그 온열질환 사망자는 생전 심장박동수가 분당 109회 정도로 추정됐다. 노동시간 내내 심장이 '달리기'를 한 셈! 최민 직업환경의학 전문의에 따르면, "고인의 일은 적정 노동시간이 6시간으로 중등도 이상의 작업이라, 고열환경(체감온도 33도)에선 아예 쉬거나 시간당 15분가량 휴식을 취해야 한다."며 "사고 당일 고인은 높은 노동 강도와 작업복으로 인해 체감온도 이상의 열 스트레스에 노출됐을 것"이라 했다. 지난 5개월간(4~8월) 한화오션의 온열질환자는 31명으로, 사태의 심각성을 말해준다.

비슷한 죽음이 또 있었다. 폭염이 맹위를 떨치던 2024년 8월 13일, 전남 장성의 한 중학교 급식실에 삼성에어컨 설치 작업을 하던 양준혁 씨(27세)다. 안타깝게도 에어컨 설치업체에 채용된 지 이틀 만이었다. 당시 그는 작업 중 갑자기 구토를 하고 어지럽다며 주위를 빙빙 도는 등 열사병 증세를 보이다 화단에 쓰러졌다. 현장 관리자는 이에 보호조치나 119 신고도 않은 채, 사진을 찍어 양 씨 어머니에게 '정신질환 여부'를 물었다. 양 씨는 뒤늦게 병원으로 갔으나 90분 만에 사망했다. 당시 고인의 체온은 40도 이상! 그늘진 휴게공간 부재, 탈수 방지용 음료 제공 결여, 보냉 장비 요구 거절, 채용 전 안전교육 미비 등이 문제로 드러났다.

그 전에도 또 다른 죽음이 있었다. 7월 30일 부산에서 상가 건설 작업을 하던 60대 건설노동자가 쓰러졌다. 병원으로 바로 갔지만 끝내 숨졌다. 사망 원인은 열사병! 폭염 특보가 열흘 넘게 지속되던 중이었다. 고인 체온은 40도에 육박했다. 현장 시공사는 이미 중대재해처벌법 위반으로 처벌(징역형의 집행유예) 경력자였다. 최근 3년간 사망사고가 3차례나 있었지만, '우이독경'이었던 셈!

    연이은 폭염과 노동자의 죽음에 뭘 해야 하나? 첫째, 다른 산재처럼 '기후 산재' 역시 중대재해처벌법 대상이다. 폭염 대처를 않은 경영책임자도 노동자 '생존권' 차원에서 처벌받아 마땅하다. 산업안전보건기준에 관한 규칙에 따르면, 사용자는 폭염에 대비해 휴식(작업 중지), 그늘진 장소, 소금·음료수 등을 제공해야 한다. 일례로, 대전지검은 7월 1일 열사병 사망사고와 관련, 원청 대표를 중대재해처벌법 위반 혐의로 기소했다.

    둘째, 노동부의 강화된 역할이 절실하다. 특히 19세기 영국의 근로감독관들처럼 노동자 입장에서 느끼고 행위하는 공무원들이 많아져야 한다. 일례로, 1867년 출간된 마르크스의 『자본』은 "(영국의) 공장 감독관들(예, 레너드 호너)은 공장주들이 (아동의) 부모를 회유하고 협박하고 심지어 (아이들에게 10시간 이상 노동을 강요하는) 청원까지 위조했다는 증거들을 제시"하는 등 "영국 노동자계급을 위해 불멸의 공적을 세웠다" 했다. 전수경 노동건강연대 공동대표도 "노동부는 물·그늘·휴식 등 온열질환 예방 3

대 기본수칙 가이드라인 배포만 반복하고, 장관은 전시성 행사로 가끔 현장만 나가는" 식이 아니라 "근본적으로 기후재난에 맞서 노동자들을 보호할 법안을 만들라"고 요구한다. 기후재앙은 결코 공장 문 앞에서 멈추지 않는다! 엄정한 감독이 노동자의 '건강권'을 보호한다.

셋째, 좀 더 깊은 논의도 필요한데, 그것은 지금의 폭염이나 기후위기가 결코 일시적이거나 법·제도적 대응으로 해소될 문제가 아니기 때문! 솔직히, 갈수록 심해지는 폭염이나 기후재앙 문제는 인간적 필요나 삶의 질을 도외시한 채 오직 대량생산-대량유통-대량소비-대량폐기를 통해 이윤을 얻는 자본주의 원리에 토대한다. '선택의 자유' 차원에서 근본 논의가 필요하다.

2024년 서울 강남에서 열린 '907 기후정의행진'(전국에서 3만 명 운집)에서도 많은 공감을 얻은, "기후가 아니라 체제를 바꾸자!"란 구호 역시 자본주의 체제야말로 오늘날 인류에게 근원적 위협임을 재확인했다.

그에 앞서 헌법재판소(8월 29일) 역시 청소년기후행동 등 시민사회단체가 제기한 4건의 기후소송에 대해 일부 승소 판결했다. 정부가 2030년 이후의 탄소중립 대책을 세우지 않아 미래 세대의 기본권(환경권, 건강권, 행복권)을 침해한다는 취지다. 윤석열 정부의 '탄소중립녹색성장법'이 일부 위헌이라 보완해야 한다. 2013년 네덜란드의 '우르헨다 판결'이나 2021년 독일 연방헌재 판결 역시 기후위기에 대한 정부 책임을 부각했다.

2024년 10월부터 개편된 3기 탄소중립녹색성장위원회 또한 이번 헌재 판결의 영향을 비켜 갈 순 없다. 그러나 이 위원회도 기후위기에 대한 근본 시각이 문제다. 문재인 정부 당시 77명이던 위원들이 윤석열 정부에서 50명으로 줄었다. 청년, 노동, 시민 등 이해당사자가 대거 배제된 탓! 이런 상태에서 탄소중립 내지 정의로운 전환이 과연 가능할까?

그런데 우리가 설사 "자본주의가 문제"라 인식해도 어떻게 바꿀지는 쉽지 않다. 길만 나서면 보이는 돈벌이 기계들, 기업들, 자금들, 건물들, 상품들, 정치가, 행정가, 언론계, 학계, 그리고 일반 시민 대다수가 자본주의를 당연시하고 너도 나도 '돈, 돈, 돈' 하는 세상이다. 여기서 "체제를 바꾸자!"는 구호는 화끈하지만 막막하다. 하지만, 자본 역시 '관계'다. 우리가 사람을, 자연을, 사물을 어떤 눈으로 바라보고 어떻게 관계하는가에 따라 세상은 얼마든지 달라진다. 개와 고양이를 하찮은 동물이 아닌 삶의 동반자로 볼 때 친구가 되듯, 그런 눈으로 세상을 대하면 삶의 희망이 샘솟는다. '관계를 바꾸자!' 이것이 내가 강조하는, '생활 정치'의 핵심이다.

발등에 불이 떨어지면 치워야 한다

　동학농민혁명(1894~1895)의 주역 녹두장군 전봉준 (1855~1895)이 봉기한 지 1년 만에 일본 경찰에 체포되었다. 사형을 당하기까지 모두 다섯 차례 심문을 받았다. 당시 법무부 재판관과 일본 영사가 배석했고, 법무부 관료 서광범이 묻고 전봉준이 답했다.

Q : 네 이름이 무엇이냐?

A : 전봉준이다. (중략)

Q : 왜 난을 일으켰느냐?

A : 어찌하여 날 보고 난을 일으켰다 하느냐? 난을 일으킨 것은 바로 왜놈에게 나라를 팔아먹고도 끄떡없는 부패한 너희 고관들 아니냐?

Q : 관아를 부수고 민병을 일으켜 죄 없는 양민을 죽게 한 것이 난이 아니고 무엇인가?

A : 일어난 것은 난이 아니라 백성의 원성이다. 민병을 일으킨 것은 기울어져가는 나라를 구하고자 함이요, 백성의 삶에서 폭력을 제거하고자 했을 따름이다. (중략)

Q : 그럼 너도 최시형(해월)에게서 봉기의 허락을 받았는가?

A : 진리를 펴는 데 무슨 허락이 필요한가? 충의(忠義)란 본심(本心)이다. 그대 발등에 불이 떨어졌다면 그대는 그것을 허락을 받고 치우겠는가?

나는 이 짧은 대화(?) 속에 '프레임 전쟁'이 있다고 본다. 비록 전봉준은 물리적 전쟁에선 져서 만 40에 세상을 떠났지만, 프레임 전쟁에서는 이겨서 지금까지 생생하게 살아 있다. 프레임 전쟁에서 이기는 비법은 사물을 풀뿌리 민초의 입장에서 보는 것, 가장 낮은 자의 관점을 잃지 않는 것, 사태의 본질을 꿰뚫어 보는 것이다.

그러나 춘원 이광수는 이와 180도 다르게 보았다. 그에게 '프레임 전쟁'은 없다. 차라리 대적할 수 없는 강한 상대방의 프레임 속으로, 그것도 아주 깊숙이 들어가 버리는 게 그의 '생존전략'이었다. 강자를 만나 도저히 싸울 수도, 도망갈 수도 없을 때는 차라리 강자 앞에 무릎 꿇고 '형님, 뭐든 할 테니 제발 목숨만 살려 주십쇼.' 하는 마인드, 한마디로, '강자 동일시' 심리다. 그 뒤 80여 년이 흘러, 서글프게도 우리는 개인 이광수가 아닌, 대통령 이광수를 목격했다. 미국과 일본 앞에 간과 쓸개까지 모두 내어 줄 것처럼 행세하는 대통령 이광수! 그에게 까짓거, 독도 정도야 '껌값' 아닐까? 만일 녹두장군이 '환생'하여 대통령 이광수와 독대한다면 과연 뭐라 일갈했을까?

당시 조선에서 혁명가로 '짧고 굵게' 살았던 전봉준과 거의 비슷한 시기에 지구 반대편에서 살았던 혁명가가 있었다. 쿠바의 독립 영웅, 시인이자 교육자인 호세 마르티 (1853~1895)다. 그는 "억압받고 있는 나라에서 시인이 될 수 있는 유일한 방법은 혁명전사가 되는 것뿐"이라며 기꺼이 투쟁에 나섰다. 오랫동안 쿠바를 지배, 수탈, 착취하던 스페인 제국주의에 맞서려는 결단! 전봉준의 일갈처럼 "그대 발등에 불이 떨어진다면 그것을 허락을 받고 치우겠는가?" 하는 단호함이다. 또 호세 마르티는 "다른 사람의 자유를 억압하려 들지 않는 사람만이 자유를 위해 투쟁할 자격이 있다."고도 했다. 이는 또한 "난을 일으킨 것은 바로 왜놈에게 나라를 팔아먹고도 끄떡없는 부패한 너희 고관들이 아니냐?"며 호통을 치던 전봉준의 소신과 통한다. 130년 전 같은 지구 위에서 거의 비슷한 시기에, 이렇게도 마음이 통하는 이들이 목숨을 바쳐 참된 자유와 평등, 우애의 세상을 위해 '짧고도 굵은' 삶을 살다 갔다. 새삼, "살아남은 자의 부끄러움"(베르톨트 브레히트)을 느낀다.

　　전봉준과 호세 마르티를 이토록 간절히 떠올리게 된 것은 아이러니하게도 '자유'를 강박적으로 외친 2024년 8월의 윤석열 덕이다. (물론, 그의 '자유'는 우리가 아는 '자유'와 전혀 다르다. 그의 자유가 돈과 권력의 자유라면, 우리의 자유는 돈과 권력으로부터의 해방이니까.) 윤석열 대통령은 19일 서울 용산 대통령실 청사에서 열린 '을지 및 제36회 국무회의'에서도 이렇게 발언했다. "우리 사회 내부에는 자유민주주의 체제를 위협하는 반국가세력들이 곳곳에서 암약하고 있다. 북한은 개전 초기부터 이들을 동원해 폭력과 여론몰이, 선전·선동으로 국민적 혼란을 가중하고 국민 분열을 꾀할 것이다. 이러한 분열을 차단하고 전 국민의 항전 의지를 높일 수 있는 방안을 적극 강구해야 한다."

처음에 나는 귀와 눈을 의심했다. 마치 '타임머신'을 타고 40년 전 전두환 시절이나 50~60년 전 박정희 시절로 되돌아간 느낌 때문! 찬찬히 행간을 읽어 보면, '전쟁 준비' 중인 것으로 보인다. 2016년 박근혜─최순실 국정농단 특검 당시, 마치 '정의로운' 검사인 것처럼 이미지 관리를 잘한 덕에 대통령 자리까지 오른 이가 불과 3년도 못 돼 '제왕 같은' 보스로서 국정을 주무르다니, 정말 꿈같은 이야기다─악몽이 따로 없다!

게다가 대통령의 눈에는 사실이나 진실도 "허위 정보와 가짜뉴스"로 보이는 모양이다. 그리고 대통령 부부나 국정에 대한 비평 내지 비판은 "공격"으로 느껴지는 걸 넘어 "북한의 회색지대 도발"로 인식되는 것 같다. 이 정도면 국정관리 능력 자체가 검토 대상이다. 큰일이다!

윤석열을 대통령으로 만드는 데 일등 공신이었던 조선, 중앙, 동아 등 보수언론조차 이미 오래전부터 "레임덕" 같은 용어를 써 가며 '정치적 거리두기'를 했다. 2024년 벽두의 대통령 신년사에 대해서도 조·중·동은 (기존의 '우호적' 분위기와는 달리) 이구동성으로 "아쉽다"고 했다. 아마 4·10 총선을 앞둔 훈수였을 터! 그 뒤 조선일보는 장기적 안목 없이 즉흥적으로 행해지는 대통령실 인사에 대해 "정상이 아니"라며 꼬집었고, (검찰 조사를 받은 건지 검찰을 조사한 건지 모를 정도로 모호했던) 김건희 명품백 무혐의 결정을 앞두고 "받은 것 자체가 부적절"이라 쏘아댔다. 중앙일보는 대통령이 '얼차려 사망' 훈련병 영결식 날 술자리를 가진 걸 두고 "진정한 보수라면 이럴 수 있나" 하며 질타했고, 동아일보도 "오염수 우려, 괴담으로만 보면 안돼"라고 어깃장을 놓기도 했다. (2023년 8월 이후 꼬박 1년간 일본은 윤 정부의 동의 아래 후쿠시마 핵폐수를 매번 8천 톤 가까이, 모두 여덟 차례나 바다에 방류했다. 방사능 투성이 바닷물은 돌고 돌다 결국 우리에게도 올 것이다.) 그들도 대통령을 슬슬 '버리는' 분위기 내지 '헤어질 결심'이었던 것!

재벌과 파트너인 보수언론은 (마치 미국이 그러하듯) 한국 정부가 '통치의 안정성'을 유지해야 '지속 가능한 축적'을 이룰 수 있다고 계산한다. 자본의 목적은 누가 뭐래도 이윤 획득인데, 그러려면 '세상이 조용해야' 한다. 이런 통치의 안정성을 기대할 수 없다면 자본은 정권을 가차 없이 '버린다'. 솔직히 보자면, 그 정권이 국힘당이건 민주당이건 큰 차원에서는 마찬가지다. 이왕이면 국힘당 계열이 더 확실하겠지만, 민주당 정권조차 자본의 '지속 가능한 축적'에 정면으로 도발하지 않고 통치의 안정성만 유지해 준다면 '일단, 오케이'다. 이는 이미 김대중, 노무현, 문재인 정부를 거치면서 '확실히' 증명된 바다. 물론, 보수언론과 재벌들, 그리고 정치 검찰과 정치 경찰, 나아가 보수 학계 및 보수 지식인들은 '민주당' 권력을 길들이기 위해 무던히 애를 쓴다. 그 수단은 명백히도 돈과 정보, 그리고 협박이다.

바로 이 지점에서 나는 앞서 살핀, 녹두장군 전봉준의 심문 과정을 '오늘에 되살려' 이렇게 각색하고픈 충동을 강렬히 느낀다.

Q : 너희는 누구냐?

A : 너희들이 말한 "반국가세력"이다.

Q : 왜 "암약"을 하고 있느냐?

A : 어찌하여 우리더러 "암약"을 한다 하느냐? "암약"을 하는 건 바로 왜놈에게 나라를 팔아먹고도 끄떡없는 부패한 너희 고관들, 그리고 수사조작, 증거조작, 고발사주, 조사농단, 마약 밀수, 역사왜곡 따위에 대해 전혀 진실을 밝히지 못하는 너희 정치 검사들 아니냐?

Q : "허위 정보와 가짜뉴스, 사이버 공격"으로 "자유민주주의 체제"를 위험에 빠뜨리고 국민의 정신을 혼란하게 만드는 게 "암

약"이 아니고 무엇인가?

A : 자유도, 민주주의도, 역사까지도 망가뜨려 국민을 혼란하게 만든 건 우리가 아니라 바로 너희 '가짜 한국인들'이다. 우리가 촛불을 들고 광장으로 나온 건 기울어져가는 나라를 구하고자 함이요, 국민들 삶의 질과 민주주의를 고양하고자 할 따름이다.

Q : 그럼 너희들도 최시형(해월)에게서 촛불 봉기의 허락을 받았는가?

A : 민주주의를 하자는 데 무슨 허락이 필요한가? 정의(正義)란 본심(本心)이다. 당신 발등에 똥이 떨어졌다면 당신은 그것을 허락받고 치우겠는가?

Q : 아직 할 말이 남았는가?

A : 제발 정신 좀 차려서, 세계 공멸 앞당길 '전쟁 준비' 같은 건 그만두어라! 쿠바의 호세 마르티 선생도 "다른 사람의 자유를 억압하려 들지 않는 사람만이 자유를 말할 자격이 있다"고 하지 않았던가?

물론, 이런 식으로 전봉준처럼 깡다구 있게 '프레임 전쟁'을 전복적으로 압도하기는 쉽지 않다. 돈, 정보, 권력, 네트워크, 협박 등을 활용한 자본의 지배력(길들이기 전략)이 너무나 거대하고 교묘하기 때문이다. 대부분은 돈(화폐 권력) 앞에 무너진다. 돈이 아니라면 '발목'이 잡힌 경우도 많다. 지배 권력(자본과 정치의 동맹)은 정보력을 이용해

평소에 요주의 인물들의 '발목'을 잡고 있다. 이른바 '검찰 캐비닛'이 바로 그것이다. 그러기에 선거 직전엔 체 게바라 같은 혁명가처럼 세상을 바꾸겠다고 목소리 높인 사람들도 막상 당선되고 나면 '슬슬 알아서 기는' 경우가 허다하다. 그러다가 임기가 끝나고 나면 한가하게 언론에 나와 '이제는 말할 수 있다'는 식의 한담이나 나누기 일쑤다. 나는 일제가 남기고 간 '밀정들'이 죽도록 밉지만, 이런 식의 '가짜 혁명가'는 더 밉다. 그래서 '자본(주의)'에 대한 비판적 공부가 필요하다.

사태의 진실을 파악하는 것은 원래도 힘든 것인데, 하물며 본질보다 현상에만 눈이 곧잘 쏠리는 보통사람들에게는 자본의 지배력이나 자본 독재의 실상이 잘 보일 리 없다. 설사 본인이 직접 피해당사자가 되는 불행한 시간이 닥쳐 어렴풋이나마 자본 독재의 실상이 보여도, 자본의 지배력에 맞서 싸울 능력도, 기운도, 의지도 대체로 약하다. 그래서 대다수는 기껏 '떡고물'이나 좀 더 많이 챙기려는 분배투쟁에만 목숨을 걸 뿐, 근본 문제를 뿌리 뽑으려는 의지는 보이지 않는다. 그러나 좌절과 포기는 영원한 패배일 뿐!

따라서 스페인 카탈루냐오베르타 대학에서 철학을 가르치는 로라 로스 선생의 말(『녹색평론』 186호, 「지역의 자치, 왜 중요한가」)처럼 "사람들은 비록 시스템을 무너뜨릴 수는 없을지라도 거기에 균열을 낼 수 있다." 그리고 "(균열을 내는 식으로) 성취감을 반복적으로 경험하면서 비관주의에서 빠져나올 수 있다." 그렇다. 반인간, 반민주, 반생명 체제의 틈새를 뚫고 부단히 균열을 냄으로써 우리는 성취감과 효능감을 느끼게 된다. 민주주의의 완성을 향한 행진이다!

마치 (전봉준과 비슷하게 꼬박 40년만 살았던) 세계혁명가 체 게바라(1928~1967)가 쿠바 혁명에 성공한 뒤 혁명 동지 피델 카스트로를 떠날 때 했던, "영원한 승리의 그날까지"란 말처럼, 우리 역시 '영원한 승리의 그날까지' 결코 민주주의 행진을 포기할 순 없다. 세상이 아무리 비관적이고 정치가 아무리 더럽고 치사해도, 오늘 우리가 여기저기 뿌린 민주주의의 씨앗은 결코 사라지지 않고 이미 딱딱해진 땅조차 균열을 내며 소록소록 새싹을 틔우게 될 것이니!

전국 곳곳에 이주노동자 센터가 필요해

『오하동』신문 2024년 7월호, "농가 숨통 틔워주는 외국인 노동자"란 기사가 눈길을 끌었다. 요즘은 도시의 공장만이 아니라 농어촌 곳곳에 이주노동자들이 일을 한다. 2023년 기준으로 약 130만 명의 이주노동자들이 전국 각지에서 일을 한다.

나 역시 약 30년 전, 한국노동연구원(KLI)에서 이 주제를 연구한 바 있다. 당시 산업연수생 제도는 '현대판 노예 제도'이기에 서둘러 독일식 고용허가제 내지 노동허가제로 바꿔야 한다고 주장했다.

그 뒤 현실은 개선되기도, 개악되기도 했다. 산업연수생제가 공식 철폐된 것은 개선이지만, 고용허가제가 도입되면서 이주노동자들의 사업장 이동이 제한되거나 기존 사업주 동의 없이는 이동이 힘들게 된 점 등은 개악이다. 앞의 작은 기사에선 경남 하동군에도 공식적으로 거주하는 1천여 "외국인 노동자"들의 정확한 실태조사가 필요하다면서도 이들을 단순한 "인력"이 아닌 삶의 "동반자" 내지 "이웃"으로 보자고 제언했다. 지극히 옳은 말이다.

2025년 현재 대한민국에 체류하는 등록된 외국인들은

150만 명에 가깝다. 그중 합법 취업자들은 60~70만 명 정도다. 현실적으로는 '불법' 취업자들이 매우 많지만 파악 자체도 어렵거니와 '현실' 상황을 고려해 묵인하는 경우도 많을 것이다.

바로 이 지점에서 오늘날 우리가 날로 늘어나는 이주노동자 문제를 어떻게 볼 것인가 하는 관점에서 몇 가지 생각을 보태고 싶다.

첫째, 통상적으로 우리는 (이주노동자보다) "외국인노동자"란 말에 익숙하다. 그러나 우리가 해외여행 때 입출국 수속을 할 때마다 종종 느끼듯 "내국인"과 "외국인"을 나누는 개념은 민족국가 단위로 사람을 분리하는 것이다. 물론 이는 현실이다. 그러나 이 현실이 반드시 옳다거나 미래지향적인 건 아니다. 평소엔 "내국인"과 "외국인" 사이에 별 문제가 없다가도 약간의 이해관계가 틀어지거나 분쟁이 발생하면 자세한 사정은 따지지 않고 단지 '국적'에 따라 금세 생사를 가르거나 적대관계로 돌변하기 때문이다. 일례로, 이스라엘과 팔레스타인 간 분쟁이나 러시아-우크라이나 전쟁에서 우리는 은연중에 어느 나라가 우리 편인지에 관심을 갖지, 누가 구체적으로 어떻게 잘못하는지, 궁극적으로 공생하려면 무엇이 바뀌어야 하는지, 이런 문제엔 별 관심이 없다. 따라서 단순히 국적에 따라 사람을 구분하는 것은 풀뿌리 민초의 관점이 아닌, 국적을 매개로 통제하거나 돈벌이하려는 자들의 관점일 뿐이다. 풀뿌리 민초의 관점은 국적이나 인종, 소속과 무관하게 우애와 환대, 소통과 협력, 연대와 평화를 지향하는 것이다. 그래서 이제부터라도 외국인노동자 대신 '이주노동자'로 불러 보자.

둘째, 흔히 사람들은 "불법 체류자" 내지 "불법 노동자"란 말을 쓴다. 물론 합법과 불법은 다르다. 그러나 해외에서 국경을 넘어 이주노동자가 되거나 국제결혼을 한 경우처럼, '사람'의 관점에서 보면 이 세상 누구도 "불법 인간"이 아니다. 굳이 불러야 한다면 "미등록 노동자" 내지 "미등록 이주민"이 있을 뿐! 그것도, 다양한 사정에 의해서 공식 등록을 못했을 뿐, 관청에 신고, 등록하면 된다. 경우에 따라서는 법이나 제도, 여러 관행들이 제대로, 제 시간에 등록을 하지 못하게 막기도 한다. 일례로, 어떤 이주노동자가 특정 사업장에서 일을 하는데 사업주가 임금을 주지 않거나 인격적 대우를 하지 않는 경우에 당사자는 사업장을 옮기고 싶어 한다. 그러나 사업주가 도장을 찍어주지 않으면 합법적으로 이동할 수 없다. 호소하고 호소해도 안 될 때, 당사자는 '몰래' 도망가서 다른 데(더 나은 곳)서 일할 수 있다. 이 경우 과연 "불법 노동자"라며 법적 처벌만 하는 게 답일까? 오히려 필요한 것은 법과 제도를 현실적으로 고치는 것이다.

셋째, 약 20년 전부터 우리나라도 "다문화가정" 같은 용어를 쓰고 있는데, 얼핏 '세계시민주의'를 표방하는 듯하지만, 실은 한국인이 아닌 가정, 비(非)한국 가정을 뜻한다. 나아가 관청에서 하는 '다문화 정책'이란 것도 진정으로 '다문화' 관점으로 접근(수평적 상호 존중)하는 것이 아니라 결국 비(非)한국인이 별 문제없이 한국 문화에 잘 적응하도록 돕는 것(수직적 문화 종속)이기 일쑤다. 그 자체 '인종주의'적이다. 이런 면에서 무엇이 진정한 "다문화" 접근인지에 대한 '열린 토론'이 절실하다.

요컨대, 이주노동자 실태 파악, 이주민의 고충 해결, 국제 이주민을 보는 바른 시각 정립, 참된 다문화 행정 촉진 등, 이 모든 문제를 체계적으로 해결해 나가기 위해 하동군 같은 시골만이 아니라 전국 곳곳에 '이주노동자 센터' 같은 공적 조직이 필요하다. 통제를 위한 조직이 아니라 공생을 위한 조직이 시급하다.

클라우제비츠, 바보 이반, 그리고 전쟁

　흑백논리 내지 이분법의 위험성을 알면서도 전쟁에 관한 두 유형의 인간을 상상해 본다. '클라우제비츠형 인간'과 '바보 이반'이다. 이는 일본의 재야 언론인 히로세 다카시의 책 『왜 인간은 전쟁을 하는가』(프로메테우스, 2011)에 나온다.

　'클라우제비츠형 인간'은 이런저런 구실로 이간질을 일삼고 적대적 싸움을 선동하는 부류다. 원래 카를 폰 클라우제비츠(1780~1831)는 프로이센(독일)의 영리한 군인이었다. 그의 유작인 『전쟁론』에 나오는, "전쟁은 다른 수단으로 벌이는 정치의 연장선"이란 명제는 지금도 널리 회자된다. 그래서 클라우제비츠형 인간은 결코 전쟁을 멈추지 않는다. 그들에게 전쟁이란 곧 비즈니스(돈벌이)이기 때문이다.

　반면, 톨스토이 소설의 주인공 '바보 이반'은 순진한 농부로, 우연히 왕이 돼서도 정직하고 부지런하게 땅을 일구며 산다. 남의 것을 탐하지 않고 늘 사이좋게 지내려 한다. 이들에겐 처음부터 진영도, 국경도, 적군도 없다. 싸울 이유가 없으니! 흔히 우리가 시골 마을에서 만나는 대다수 노인들도 바보 이반처럼 순하다. 또 각박한 한국에서 살던 우리는 동남아 등 시골 마을에 가면 눈빛부터 선한 '바보 이반'들을 쉽게 본다.

문제는, '클라우제비츠형 인간'이 '바보 이반' 같은 사람들을 선동하고 은근히 강제해, 결국 전쟁터로 내몰아 서로 피 흘리게 하는 일에 있다! 정작 자기들은 안전한 곳에서 술과 음악을 즐기며 잔치를 벌이면서도, 온 세상을 적군과 아군으로 나눠 살육하게 한다.

여기서도 분명하듯, 전쟁은 결코 인간 '본성' 탓에 생기는 필연적인 게 아니다. 사회 갈등의 최악 형태인 전쟁은 '클라우제비츠형 인간'이 '바보 이반'들을 선동한 결과다! 그런 선동의 이유는 결국, 돈과 권력, 즉 이해관계다. 히로세 다카시의 통찰 덕에 나는 전쟁을 전혀 새로운 눈으로 보게 되었다.

물론, 앞의 두 유형은 전쟁 지향과 평화 지향이라는 이상형을 설정한 것일 뿐, 현실에선 그 중간에 여러 인간형이 스펙트럼으로 존재한다. 예컨대, 전쟁이건 평화건 세상일에 아무 관심 없는 이들도 많고, 또 목소리 큰 편에 쉽게 끌리는 이들도 많다. 그러나 우리들 경험에 따르면, 처음부터 전쟁을 좋아하는 이는 거의 없다. 즉, 전쟁은 인간 본성이 아니다!

히로세 다카시도 2차 세계대전 이후 소련·동구 몰락까지 47년간의 분쟁사를 잘 정리한 결과, 분쟁사는 결국 '선동사'라 한다. 즉, 대다수는 '바보 이반'처럼 살지만 극소

수의 '클라우제비츠형 인간'들이 부단히 전쟁을 선동해 왔고 지금도 그렇다!

그러고 보니, 2024년 한국 사회에도 '전쟁 의지'에 충만한 '클라우제비츠형 인간'이 제법 보였다. 11월 초 미국 대선을 앞두고 한반도 전쟁 위기와 계엄 음모가 감지됐다.

첫째, (2024년 10월경) 한기호 국민의힘 의원과 신원식 대통령실 국가안보실장 간 문자 대화를 보라. 둘 다 장성 출신으로 육군사관학교 선후배 사이다. 한 의원이 "우크라이나와 협조가 된다면 북괴군 부대를 폭격, 미사일 타격을 가해서 피해가 발생하도록 하고 이 피해를 북한에 심리전으로 써먹었으면 좋겠다"는 문자를 신 안보실장에게 보냈다. 이에 신 실장은 주저 없이 "넵, 잘 챙기겠다. 오늘 긴급 대책회의를 했다"고 했다. '적극 검토'란 얘기! 이에 대해 김민석 민주당 최고위원은 "우크라이나의 불길을 서울로 옮기고자 획책한 외환 유치 및 계엄 예비음모"라며 맹비판했다.

둘째, 윤석열 정부에선 '충암파'가 옛 '하나회'에 비견된다. 예로, 김용현 국방부 장관, 여인형 국군방첩사령관, 박종선 777사령관, 황세영 서울경찰청 101경비단장과 경찰 인사권자인 이상민 행정안전부 장관이 충암고 출신이다. 특히, 2023년 11월 방첩사령관이 된 여인형 중장은 윤 대통령의 충암고 후배로, 지난 8월 특전사령관, 수방사령관과 함께 당시 김용현 대통령경호처장 공관에서 비상시 계엄을 검토한 의혹이 있고, 그 뒤에도 방첩사에 전두환 사진을 걸어 논란이 됐다. 방첩사 전신인 기무사령부는 박근혜 정부 때 '계엄령 검토 문건'을 작성한 전력이 있다.

셋째, 2024년 10월엔 홍장원 국정원 차장이 '군 참관단'과 함께 브뤼셀의 나토 본부를 방문해 북한군의 러시아 파병을 브리핑했다. 참관단은 우크라이나로 가, 정보·국방 당국자들과 전황 공유 및 향후 협력(북한군 포로 심문·공작 등) 방안을 논의했다.

그러나 이 '전쟁 의지'에 충만한 '클라우제비츠형 인간'들의 출현을 단지 고교 동문들에 의한 정치적 카르텔 정도로 봐선 안 된다. 히로세 다카시의 혜안처럼, 사실상 그 뒤엔 비즈니스 세계가 숨어 있기 때문이다.

자세히 보면, 이스라엘-팔레스타인 전쟁 외에 최근 우크라이나–러시아 전쟁의 배경엔 자본주의와 비자본주의 간의 이해관계 충돌이 있다. 또 당사국 주위엔 이해관계 동맹이 형성돼 있다. 한·미·일이 우크라이나, 이스라엘 우방이듯, 러시아 곁엔 중국, 이란, 북한이 있다.

무한한 자본축적을 원하는 자본은 1990년을 전후로 소련·동구 사회주의 붕괴와 더불어 새로운 시장과 공장을 창출했다. 세계시장과 세계공장이 거의 완성되자, 불행히도 2008년 세계금융위기와 더불어 세계자본주의도 사실상 파산했다. 지금은 국가 부채나 소비 촉진 등으로 억지 연명 중이다. 그 잘나가던 삼성전자조차 고전한다.

누군가에게 맹렬히 쫓기던 짐승도 막다른 골목에서 마지막 순간엔 죽기 아니면 살기로 자폭하는 경향이 있다. 자본은 무한이윤을 추구하며 본의 아니게 스스로 막다른 골목에 내몰렸다. 해고, 부채, 소비, 독점, 투기 등 전통적 출구가 더 이상 약효가 없을 때 마지막 순간엔 생사를 걸고 전쟁을 벌인다. 군수산업과 재건산업이 돈 된다!

1929년 세계 대공황 국면에서 구조조정과 대량실업, 공장폐쇄와 소비위축이 이어지자 미국에선 뉴딜 정책(케인스주의)을 폈지만, 그 역시 약효가 다하자 마침내 2차 대전을 통해 '최종 해법'을 찾았다. 그 뒤의 자본축적은 '대가속 시대'였다. 어쩌면 지금이 그런 때인 듯하다. 전쟁은 자본엔 돌파구일지 몰라도, 인류나 지구엔 지옥문(!)이다. 전쟁은 다른 수단으로 벌이는 비즈니스의 연장이다. 그러니 '바보 이반'들이여, 생명·평화를 위해 모두 일어나자!

IV
누가, 무엇을, 어떻게
바꿀까?

생태민주주의를 위한 3단계 변화론

2025년 4월 4일 11시, 마침내 헌법재판소에서 8명 재판관들 모두의 의견 일치로 윤석열이 파면됐다. "피청구인 대통령 윤석열을 파면한다!" 이 열다섯 글자를 듣기 위해 우리는 123일 동안 잠을 이루지 못했다. 대한민국 국민들(깨시민들) 만세요, 민주주의 만세다!

그러나 윤석열 탄핵으로 모두 정리되는 것은 아니다. 어찌 보면 이것은 민주주의 관점에서 시작일 뿐이다. 그렇다면 지금부터 무엇을 어떻게 해나가야 할까? 이에 대한 생각을 정리하기 위해서라도 우리는 12·3 계엄 이전에도, 그리고 계엄 이후에도, 나아가 내란 수괴에 대한 탄핵이 진행되던 그 순간에도 공장이나 사무실에서 묵묵히 노동을 수행하던 사람들(국적·장애·지역·취향 불문, 남녀노소)을 기억해야 한다. 마찬가지로, 매일 우리네 밥상을 위해 일해 온 농민들(국적·장애·지역·취향 불문, 남녀노소) 역시 기억해야 한다. 우리 사회를 유지하는 데 있어 가장 기초적인 일을 수행하는 이들의 피, 땀, 눈물을 빼고선 민주주의를 이야기할 수 없기 때문이다.

〈또 하나의 약속〉(2014, 김태윤 감독)이란 영화가 있다.

컴퓨터나 휴대폰을 만드는 반도체 여성노동자의 삶과 죽음을 그린 작품이다. 실업계 여고를 갓 졸업한 주인공이 대기업 전자회사에 취업해 온 가족이 축하하고 모두 좋아했으나 기쁨은 오래 가지 못했다. 2년도 안 돼 '마른하늘에 날벼락'처럼 백혈병에 걸려 서서히 죽어간다. 그 과정에서 주인공의 가족들은 재벌 대기업들의 민낯(현실 부정, 책임 전가, 협박, 회유, 매수 시도 등)을 마주하며 그동안 우리가 얼마나 세상의 '겉모습'에 속으며 살아왔는지 뼛속 깊이 느끼게 된다.

이 영화는 단순한 창작물이 아니라 실 사례에 토대한 것이다. 실제 주인공은 고 황유미 씨다. 황 씨는 19살(2003년)에 삼성반도체 공장에 입사해 1년 8개월 만에 급성 골수성 백혈병 진단을 받고 투병하다 23살의 나이(2007년)에 사망했다. 황 씨의 아버지는 근로복지공단에 산업재해를 인정해 달라고 요청했지만 불승인됐다. 이후 7년간의 투쟁 끝에 힘겹게 산재를 최종 인정받았다(2014년). 그러나 이 '산재 승인'에 고마워해야 할까? 이미 사랑하는 딸은 하늘로 떠나고 없는데! 이런 식으로 경제발전을 위해, 경제성장을 위해, 선진국이 되기 위해, 라는 명분으로, 노동자들은 일하다가 병들거나 죽어간다. 한국의 노동시간은 OECD 회원국 중 1등 그룹에 속하며(멕시코 다음), 산재율 내지 산재사망률 역시 최고 수준이다.

윤석열 탄핵 국면이던 2025년 2월 3일, 이재명 더불어민주당 대표가 국회에서 열린 민주당 정책디베이트III '행복하고 정의로운 대한민국, 반도체특별법 노동시간 적용 제외 어떻게?'에서 직접 좌장을 맡아 토론을 진행했다. 민주주의의 출발점이 대화와 토론이기에, 이런 이 대표의 모습은 책임감을 가진 태도로, 매우 바람직하다. 문제는, 비단 반도체 노동자의 노동시간만이 아니라 향후 노동 및 사회 문제 전반을 어떻게 풀어나갈 것인가, 하는 점이다.

실제로, 민주당과 이 대표는 그간 중대재해처벌법, 노란봉투법 등 비교적 '노동친화적'인 입법을 추진해왔고 윤석열 정부의 노동시간 연장 시도(최고 주 69시간)를 맹렬히 비판해 온 바 있다. 그런데 윤석열의 12·3 내란으로 헌법재판소에서 그 파면 가능성이 높아져 향후 조기 대선이 다가오자 이 대표는 걱정스러울 정도로 예전보다 훨씬 '유연한'(?) 자세를 보인다.

일례로, 1월 23일 기자회견에서 "다시 성장의 길"을 강조하며 "기업 활동 장애를 최소화"하고 "주식시장 선진화와 활성화"하는 것이 "국민을 부자로 만드는 가장 쉬운 길"이라며 "검든 희든 쥐만 잘 잡으면 좋은 고양이"라 했다. 얼핏, 윤석열과 국힘당의 담화문처럼 들린다. 이어 2월 3일 반도체 토론회에선 반도체 분야 '주 52시간 예외 조항'에 무게를 두었다. 실제로, 이 대표는 "몰아서 일할 수 있게 해 달라고 (재계가 요구)하니 할 말이 없더라." 하기도 했다.

물론 이 대표가 재계 대표에게는 "노동계도 이해가 되게 (예외 조항 요구의) 근거가 무엇인지 설명해 보라." 요청하기도 했지만, '현행 노동법 엄수' 입장을 확실히 하진 않았다. 현행 노동법은 주 40시간 노동이 기본이며, '당사자 합의' 시에 한해 주 12시간 연장근로 가능이다. 재차 강조하건대, 현행 노동법은 '주 40시간' 노동이 기본이지 '주 52시간'이 아니다!

또, 이 대표는 2월 10일 국회 원내 교섭단체 대표 연설에서 '회복과 성장'을 다시 강조하면서 "창의와 자율의 첨단기술사회로 가려면 노동시간을 줄이고 '주 4.5일제'를 거쳐 '주 4일 근무국가'로 나아가야" 한다고 강조했다. 물론, (단순한 생존을 뜻하는) '먹사니즘'보다 ('기본 사회'를 갖추어) '잘사니즘'을 추구하겠다고 한 것은 일견 진일보한 면이다.

하지만, "새로운 성장 동력"과 "공정 성장" 등에서 보듯 민주당은 자본의 성장 논리로부터 여전히 자유롭지 못하다. "특별한 필요 때문에 불가피하게 특정영역의 노동시간을 유연화" 가능성 부분도 마음에 걸린다. 물론, 이 대표는 '파이의 분배' 차원을 강조함으로써 '파이의 크기'만 강조하는 국힘당식 논리보다 '민주적'이긴 하다. 하지만, '파이의 원천'(자원고갈, 노동소외, 기후위기, 공동체 파괴 등의 차원)에 대한 고뇌는 부족해 보인다. 민주당이 자본주의 경제 문제에 대한 고민과 성찰을 더 많이 해야 한다.

이런 이 대표의 모습은 현실 정치가 유권자 표를 의식할 수밖에 없는 한계가 있음을 감안하더라도, (자원고갈, 노동소외, 기후위기, 공동체 등 근본 차원에서 보면) '철학의 빈곤'이라는 우려를 자아낸다. 특히, 내 나름 정리한 '3단계 변화론'을 염두에 둔다면, 민주주의를 지향하는 우리는 1단계에서 2단계를 거쳐 3단계로 전진해야 한다고 보는데, 이 대표의 최근 발언들은 과연 1단계에서 2단계로 한 걸음 더 내디딜 수 있을지에 대해 확신을 주지 못한다. 그러면 나의 '3단계 변화론'이란 무엇인가?

12·3 내란 사태와 1·19 법원 폭동 등이 지극히 비정상적이기에, 이 비정상을 시급히 그전의 모습으로 돌려놓는 일이 민주당 등 야당이나 시민운동, 즉 민주세력이 1단계로 해야 할 일이다. 즉, **'비정상성의 정상화'**다. 이는 우리 모두 잘 아는 내용이고, 지금까지 대체로 잘하고 있는 편이다. 물론 이것조차 반동적, 극우적, 탐욕적 저항 세력 탓에 간단한 일은 아니다. 생각해 보면, 삼척동자도 아는, 내란 사태의 주범을 파면(2025.4.4.)하는 데도 우리는 그토록 오랜 시간을 써야 했다. 헌법 위반을 따지는 헌법재판소조차 너무나 우유부단하게 보였다. 그러나 비정상성의 정상화는 내란 수괴의 파면만을 뜻하진 않는다. 내란 사태 전반(기획자, 주모자, 협력자 등)에 대한 광범위한 수사

및 진실 공개가 이뤄진 바탕 위에서 엄격한 단죄가 이뤄져야 한다. 나아가 최소한 해방 이후에 청산되지 않은 친일 부역 기득권 세력은 물론 역사 바로잡기 역시 절실하다. 김앤장으로 상징되는 법률 카르텔, 영화 〈내부자들〉에 나오는, 정치-금융-재벌-검찰-언론-조폭 등의 동맹체, 육사로 상징되는 군사 권력 카르텔, 서울대로 상징되는 학벌 카르텔 등을 전면 해체해야 한다. 이 모든 것이 1단계 변화 '비정상의 정상화'에 포함되어야 한다.

그 뒤 2단계에서는 정상적인 개혁과 혁신을 통해 그간 국힘당 등 반민주·보수·극우 세력이 방해해 왔던 '민주적이고 진취적인 변화'를 이뤄내야 한다. 이 2단계를 **'정상성의 일상화'**라 할 수 있다. 물론, 그 내용이 무엇인지에 대해선 다양한 입장과 시각, 해법 들이 있다. 그럼에도 내나름 공통분모를 꼽는다면, '찐' 민주적인 언론개혁과 검찰개혁, 사법개혁을 전제로, 최우선적으로 4개 장관들이 담당하는 분야의 개혁들이 절실하다. 그것은 교육개혁(개성 있는 평등화 교육), 노동개혁(노동시간 단축과 일자리 나누기), 복지개혁(주거, 보육, 의료, 노후 등 사회 공공성 강화), 농촌개혁(곡물자급률 100%, 유기농 육성, 마을공동체 활성화) 등을 꾸준히 해 나가는 것이다. 이 정도는 해야 민주적인 '대통령의 철학'을 구현하는 셈이다.

교육개혁으로 아이들이 서열화 체제에 대한 두려움이나 불안감 없이 나름의 꿈을 꿀 수 있게 해야 한다. 노동개

혁으로 모두 조금씩 일하되, 삶의 보람과 의미를 느끼게
해야 한다. 복지개혁으로 삶의 대부분 문제를 사회 공공
성 차원에서 풀어야 한다. 그렇게 되면 그렇게 많은 돈이
필요 없다. 그리고 농촌개혁을 통해 공동체를 활성화하고
유기농 농민을 공무원으로 대접함으로써 후세대들이 불
안감 없이 식량주권을 드높이는 데 종사하게 해야 한다.
이 정도 개혁만 충실히 이뤄지면 우리네 '삶의 질'이 갈수
록 높아질 것이다.

끝으로 3단계는 이 상식적 정상성(예, '찐' 민주적 개혁)
조차 보다 근본적인 성찰을 통해 한계와 모순을 찾고 올
바로 극복하는 것이다. 따라서 3단계의 변화를 **'정상성
속의 비정상성 지양'**이라 할 수 있겠다. 이를 나는 최근
에『자본주의와 생태주의 강의』란 책에서 '탈(脫) 자본, 진
(進) 생명'의 철학이라 표현했다.

간략히 말하자면, 상식적인 정상성 내지 '찐' 민주적 개
혁조차 자본주의 상품사회(경제가치)의 논리 안에서 움직
이기에 결국은 사람과 사람, 사람과 자연의 참된 공생보
다는 오히려 사람과 자연의 공멸을 초래할 가능성이 높다
는 문제의식이다. 수백 년간 지속된 자본주의가 최근 들
어 화석에너지 등 자원고갈, 사회경제 양극화 및 빈곤의
세계화, 노동소외 및 '잉여인간'의 대량생산, 출구 없는 쓰
레기더미, 기후참사 등 '복합위기'를 불렀음이 세계 각국
의 학자들에 의해 확인되고 있다.

따라서 윤석열식 '가짜 자유민주주의'가 아니라 민주당식 '진짜 자유민주주의'가 된다 하더라도 사회경제 시스템이 자본(가치)의 합리성에 갇혀 있는 한, 여전히 우리네 '삶의 질'과 '민주주의'는 근본적으로 고양되진 않을 것이다. 따라서 최종적인 3단계의 변화는 자본(資本)이 아닌 민본(民本)이되, 이 사람들(민초)조차 자연의 품속에서 겸허히 살아가는, '생태민주주의'를 목표로 살자는 얘기다. 그래서 '탈(脫) 자본, 진(進) 생명'의 철학이다.

이런 면에서 앞서 말한, '반도체 특별법'을 둘러싼 논란들은 과연 우리가 향후에 제대로 된 변화를 이뤄낼 수 있을지 하는 의구심을 떨칠 수 없게 한다. 이와 관련, 3가지만 짚는다.

첫째, 흔히 노동시간과 관련해 '주 52시간제'라고들 하는데, 이는 '프레임 전쟁'에서 이미 지고 들어가게 되는 속임수다. 거듭 강조하지만, 올바른 관점은 '주 40시간제'다. 한국 최초의 근로기준법(1953년)은 주 48시간제(6일제)를, 그리고 1989년 개정 노동법은 주 44시간제(5.5일제)를 규정했고, 마침내 (노무현 정부에서) 2004년 7월부터 주 40시간제(5일제)를 순차적으로 시행했다. 주 6일제에서 주 5일제로 바뀌는 데 50년 이상 걸린 셈!

이렇게 2004년부터 (금융보험, 공공부문, 상시 1천 명 이상 기업에서) 단계별로 시행되기 시작한 주 40시간제는 매년 규모가 더 작은 기업들에게도 적용하다가 마침내 2011 년이 되면 대통령령으로 상시 20인 미만 업체에까지 전면적으로 시행되어야 했다.

그러나 이명박근혜 정부(2008~2017)에서 '제도적 개악'이 일어나 심지어 60년 전에도 없던 '주 68시간제'가 시행되고 말았다. 요즘 용어로, '노동시간의 쿠데타'가 일어난 셈! 아니나 다를까, 윤석열과 국힘당 역시 '주 69시간제'를 만들려다 야당의 저지로 무산됐다. 그런데 이재명의 민주당이 최근 반도체 '예외 조항'에 대해 비교적 열린 입장을 보인 것은 '뭔가 이상하다'는 느낌을 준다. 민주당이 견지해야 할 기본 입장은 '주 40시간제'이며 이를 갈수록 줄여야 한다(노동시간 단축과 일자리 나누기!). 우리가 당연시하는 주 12시간 연장근로는 예외적인 상황에서만, 당사자 간 합의가 있을 때만 가능한 것이지, 기본 노동시간으로 보아선 안 된다. '프레임 전쟁'을 기억하라!

둘째, 제도보다 중요한 것은 사람이다. 특히, 한 사회의 부를 생산하기 위해 노동하는 사람들의 건강(심신건강, 관계건강)이 중요하다. 건강이 침해된다면 결코 사람답게 살지 못하기 때문이다. 흔히 노동 진영에서 건강권 내지 생활권을 중시하는 이유이기도 하다.

일례로, '반올림'(반도체노동자의 건강과 인권지킴이) 활동가 이종란 노무사는 "반도체 노동자들은 뇌심혈관계 질환이 다른 제조업 대비 두 배 이상 높고, 반도체 연구개발 노동자들의 과로 자살 등 과로사가 빈번했다"고 지적한다. 또, 이상수 상임활동가는 "안전보건공단의 역학조사로 반도체 공장에서 직업병 발병률이 높다는 점이 인정됐다"며 "조사에 따르면 삼성을 포함한 6개 반도체 회사에서 3,442명이 암에 걸렸고 1,178명이 목숨을 잃었으며, 이 중 절반 정도가 바로 삼성반도체에서 발생한 피해자"라 했다. 실은, 이것조차 '빙산의 일각'일 뿐!

따라서 정치권이나 경영계가 아무리 "기업경쟁력" 내지 "국가경쟁력"을 강조하면서 노동시간 연장을 꾀하려 한다 하더라도, 바로 그 일하는 사람들이 한사코 반대한다면 과감히 포기해야 한다. 예컨대, '전국삼성전자노동조합'이 2025년 2월에 발표한 보고서에 따르면, 반도체 특별법 '주 52시간 적용 예외' 대상인 연구개발직군 노동자 904명 중 약 90%가 '52시간제 적용 제외' 도입에 반대했다. 나는 이 설문조사가 명태균식 '여론 조작'으로 만들어진 게 아니라 믿는다. 이른바 '신세대' 노동자들은 돈도 중요하지만 건강과 시간('삶의 질')을 더 중시하는 경향이 있다.

흥미롭게도 '계엄의 밤'에 국회 봉쇄를 위해 투입되던 군용차를 몸으로 막아선 30대 청년 역시 "저와 함께 군용차를 막은 시민들, 광장에 나온 (4천여) 시민들이 생각한 민주주의는 가진 자를 위해 힘없는 사람의 목숨을 갈아 넣는 민주주의가 아니었다"면서 이재명 민주당 대표가 반도체 특별법에서 '주 52시간' 상한 규제의 예외 조항에 대한 검토 여지를 둔 것을 신랄히 비판했다. 한마디로, '광장의 목소리'가 아니란 얘기다. 이 대표가 이끈 2월 3일의 토론회에서 "반도체특별법이 대기업을 위한 노동법 무력화이자 (반도체업을 넘어 전체) 노동자들의 자발적 착취를 초래할 수 있다"는 노동계의 우려가 나온 것도 같은 맥락이다.

그렇다! 적어도 21세기엔 돈과 지위로 표현되는 '삶의 양'보다 건강이나 관계로 표현되는 '삶의 질'을 추구하는 것이 개인적으로나 사회적으로 바람직한 발전 방향이다. 따라서 국힘당이 아니라 민주당이라면 90%의 노동자들이 반대하는 퇴행적 변화를 굳이 추진해선 안 된다. 그나마 '반도체특별법'이 광범위한 반대에 부딪쳐 무산되긴 했지만, 앞으로도 자본 진영은 언제든 이런 퇴행을 또다시 시도할 것이다. 따라서 우리는 늘 깨어 있어야 한다!

셋째, 한 걸음 더 들어가, 나는 노동시간을 둘러싼 노동과 자본 간의 긴장과 갈등이 단순히 시간당 임금수준만의 문제가 아님을 강조하고 싶다. 노동시간조차 양(시간, 임금)의 문제가 아니라 '관계'가 문제다. 물론, 주어진 임금 수준에서 노동시간이 줄어든다면 사실상 시간당 임금이 오르는 것이다. 그러나 이것이 노동생산성 상승분에 상응한다면 실질임금엔 변화가 없다. 여기서 진짜 중요한 것은, 이를 통해 노동이 이익이냐 아니면 자본이 이익이냐

하는 문제가 아니라, '누가 이익인가' 하는 점과는 무관하게 자본의 노동에 대한 '지배종속 관계'가 별 지장 없이 유지된다는 점이다.

모두 알다시피, 노동시간이란 상품 가치의 원천을 이루는데, 이는 노동자가 가진 생명력(에너지)의 지출을 뜻한다. 무엇을 위해? 겉보기엔 노동자가 먹고살기 위해서다. 그러나 바로 그 과정에서 노동자는 자본의 '가치증식'을 돕는다. 즉, 자본은 노동자의 살아 있는 노동을 통해 투입 가치보다 더 많은 가치를 생산하고 축적한다. 노동자의 살아 있는 노동이 많이 투입될수록 자본은 더 많은 증식을 한다. 따라서 노동시간 내지 노동량을 나타내는 상품 가치는 결국 노동자가 자본의 '지휘와 명령' 아래 얼마나 성실히 그리고 능력껏 일을 하는가, 하는 '사회적 관계'를 드러낸다. '가치는 관계'라는 명제가 바로 여기서 도출된다.

보통 '노동자성'을 법적으로 따질 때, 노동이 자본에 대해 '사용종속 관계' 아래에 놓였는지 여부를 따지는데, 바로 이것이 곧 '사회적 관계'다. 이 사용종속 관계 아래 만들어지는 것이 곧 상품 가치다. 이 가치를 부단히 늘림으로써 증식을 도모하는 것이 자본의 가치증식이다.

이를 우리는 흔히 경제발전, 경제개발, 경제성장, '신성장 동력'이라며 지극히 당연시하는데, 그럴 일이 아니란 얘기다. 내가 보기에 이는 우리 대다수가 내면화한 '경제

성장 중독증' 탓이다. 그 과정에서 인간 공동체는 물론 자연 생태계도 더 많은 가치 생산과 실현을 위해 체계적으로 희생된다.

이렇게 살아 움직이는 인격체가 단지 생산요소에 불과한 노동력으로 축소되어 자본의 지배력 아래 종속되며, 자연 생태계 역시 단순한 원료나 재료, 에너지로 축소되고, 갈수록 고갈·오염·위기 속에 빠지는 것이 지금의 자본주의 사회다. 그럼에도 불구하고 자본과 권력은 이에 아랑곳하지 않고 '신성장 동력' 내지 '경쟁력' 담론을 외치며 (마치 알콜 중독자처럼 성장 중독자가 되어) 중독적으로 행위한다. 내가 학자적 양심을 걸고 '찐' 민주당식 개혁이 필요하다고 보면서도 동시에 그 한계와 모순을 근본적으로 넘어서야 한다고 강조하는 배경도 바로 이런 점 때문이다.

생각건대, 우리가 이런 저런 입장 차이를 드러내는 것은 모두 '방법론'이 다르기 때문이다. 그 누구든 '잘 살아보자' 또는 '행복하게 살자'란 목표엔 이구동성으로 동의한다. 그러나 그 구체적 방법론에 이르면 천차만별이다. 왜 그런가?

내가 보기에, (거짓과 폭력, 조작과 사기 같은 방법론을 제외하더라도) 크게 두 부류의 집단이 있다. 첫째는, 자기나 자기 집단의 이익만 추구하면서 물질적으로 행복해지려는 부류다. 둘째는 자기는 물론 타자까지도 모두 함께 행복해지고자 하는 부류다. 바로 이 두 집단 사이엔 천지의 차이가 있다. 이를 달리 표현하면, 첫째, 단기적인 이익을 추구하는 부류, 둘째, 장기적인 이익을 추구하는 부류 간의 차이라 할 수도 있다. 물론, 경제적 이권에 목을 매는 부류가 있는가 하면, 총체적 행복 증진을 중시하는 부류도 있다.

만일 우리가 더불어 잘 살고자 하고, 장기적으로 행복해지려 하며, 총체적인 삶을 고양하고자 한다면, 노동시간 연장보다는 노동시간 단축을, 그리고 상품 가치가 아니라 인간성의 가치, 나아가 생명의 가치를 동시에 추구해야 한다.

그런데 국힘당과 윤석열이 내세우는 자유는 늘 '자본의 자유, 권력의 자유'를 말한다. 돈과 기득권 중심이다. 하지만 적어도 민주당이라면 그 자유는 '삶의 자유, 내면의 자유'를 지향해야 한다. 이 '삶의 자유'란 또, 자본에게 '노동력을 상품으로 팔 자유'가 아니라 '노동력을 팔지 않아도 사람답게 살 자유'를 의미한다. 이런 자유가 참된 자유(自由)다. 존재와 관계 그 자체를 누릴 자유! 이런 의미에서 이재명의 "탈이념·탈진영의 현실적 실용주의"를 통한 "회복과 성장"이 자칫 민주당과 국힘당 사이의 차별성을 제거하는 계기가 될까 몹시 두렵다.

영화 〈또 하나의 약속〉에서 회사가 노동자들에게 "잘살게 해주겠다"는 엉터리 약속을 한 것을 비웃기라도 하듯, 백혈병으로 죽어간 딸에게 그 아버지가 "반드시 네 죽음의 진실을 밝히겠다"며 '또 다른 약속'을 한 것을 우리는 결코 잊어선 안 된다. 그 '죽음의 진실'을 오늘의 우리가 또렷이 기억하고 깊이 성찰할 수 있을 때, 노동은 더 이상 억압과 착취의 굴레가 아니라 자유와 해방의 지렛대로 승화할 수 있을 것이다. 부디, 이런 성찰을 통해 이재명의 민주당이 '광장의 민주주의'를 정치경제적으로 구현함으로써 적어도 4천만 민주 시민들로부터 큰 박수를 받기를 진심으로 소망한다.

죽은 자가 산 자를 살리는 '양심의 구성'

"집단적 광기로 나라의 앞날이 결정되는 건 지난번 박근혜 탄핵 한 번으로 족하다." 마치 한 민주시민이 윤석열과 국민의힘을 동시에 꾸짖는 듯하다. 그러나 실은 이 말은 문화방송(MBC) 〈손석희의 질문들〉에서 홍준표 대구시장이 했다. 그는 12·3 '계몽령'으로 헌법재판소 심판하에 있는 윤석열을 적극 옹호했다. (경남도지사 시절이던 2013년 진주의료원을 없애버린) 그에게 눈엣가시는 윤석열 등 내란 사태(계엄과 극우파의 법원 폭동 등)가 아니라 그 사태를 바로잡으려던 민중 저항이었다. 기가 막히고 코도 막힐 일이다.

민주당 등 '요원들'의 활약은 물론, 촛불과 남태령대첩, 응원봉·키세스 등 '빛의 혁명'으로 나라 정상화와 사회 대개혁까지 이루려는 민주적 열기가 그에겐 "집단 광기"로 보였을 것이다. 또 비상계엄은 '어설픈 해프닝'이라 대통령 탄핵은 과하다고 역설했다.

한편, 한국에서 비상계엄으로 '난리'가 났을 때 북유럽 스웨덴에선 한강 작가가 노벨상 수상을 앞두고 특강을 했다. '빛과 실'이란 제목 아래 그는 이십대 이후 (광주학살을 기억하며) 두 질문을 가슴에 품었다 했다. "과거가 현재를 도울 수 있는가? 죽은 자가 산 자를 구할 수 있는가?" 작가의 질문들은 늘 새 소설의 화두였다. 작가는 그 뒤 또 다른 질문과 씨름했다. "세계는 왜 이토록 폭력적이고 고통스러운가? 동시에 세계는 어떻게 이렇게 아름다운가?" 아마 이런 질문들이 『채식주의자』, 『소년이 온다』, 『작별하지 않는다』 등 명작을 엮는 '빛과 실'이 됐을 터!

나는 이번 비상계엄과 그 이후 광장 민주주의 운동에서 '과거가 현재를 도울 수 있고, 죽은 자가 산 자를 구할 수 있음'을 재확인한다. 또 '폭력적이고 고통스러운 세상'조차 '사람들이 아름답게 만들 수' 있음도 절감한다.

과거가 현재를 돕고 죽은 자가 산 자를 구하다니, 형식 논리만 보면 이해되지 않는다. 하지만 현재의 산 자들이 과거를 '성찰'하고 죽은 자를 '기억'하는 한, 바로 이 기억과 성찰을 통해 폭력적이고 고통스러운 세상조차 아름답게 바꾼다. 그 한 예를 이번 사태에서 본다.

12·3 '계엄의 밤', 특전사 소속 707특임단 군인들이 국회에 투입됐다! 당시 대통령과 국방부장관이 이들을 투입한 목적은 '의원들의 계엄 해제 결의 저지'였다. 흥미롭게도 이 특임단 군인들은 야간투시경과 총, 실탄까지 갖고 갔으나 (학살자) 군인보다 평범한 사람의 모습이었다. 어째서? 당시 위험을 느낀 민주당 의원들과 보좌관들이 본관을 잠갔다. 이에 계엄군이 팔꿈치로 유리창을 '천천히'

깨고 창턱에 올랐다. 더 놀랍게도 그 앞장선 군인이 창문으로 오른 뒤, 좁은 창문 안쪽에 놓인 난초 화분을 '조심스레' 옆으로 옮겨 놓고 뛰어들었다. 나는 이 장면을 잊지 못한다. '생명에 대한 예의!' 그 뒤는 알다시피, 작전 실패! 이런 '생명 감수성'이 있는 군인들, 특히 (개인적 출세 욕망보다) 사회적, 역사적 책임감이 더 큰, 곽종근 특전사령관 같은 군인들이 없었다면 아마 지금쯤 우리는 아직도 피의 학살을 경험하고 있을지 모른다. 생각만 해도 끔찍하다.

계엄을 내린 대통령과 국방장관 눈에 이는 명백한 '태업(sabotage)'이었을 것이다. 군대 용어로 '(군기가) 빠져도 한참 빠진' 것! 돌이켜보면, 바로 이 태업의 태도가 모두를 살린 셈이다!

그렇다면 이 군인들은 왜 그렇게 소극적으로 움직였을까? 아마도 이들 특임단이 헬기를 타기 전까지는 (북한에서 온 오물쓰레기와 연관된) '대북 작전' 내지 '침투 북한군'을 체포, 제거한다는 목표가 하달됐을지 모른다. 그러나 막상 헬기에서 내린 순간, '이상하다', '뭔가 잘못됐다'는 느낌을 받았다. 그래서 상부 명령에 따르는 척은 하되, 목적에 맞지 않는 행동을 무리하게는 않겠다며 '영혼의 저항'을 했다!

아니나 다를까, 이들을 현장에서 이끈 김현태 대령(특임단장)도, 또 곽종근 특전사령관도 '속았다, 이용만 당했다'고 생각했다. 12월 9일엔 김현태 대령 역시 양심적 기자회견을 했다. 적어도 내란 세력들에 의해 협박과 회유를 당하기 이전까지는 말이다.

그는 특전사령관으로부터 수시로 명령받으며 현장을 지휘했는데, "상황상 국회 진입과 봉쇄가 만만치 않다" 하자 사령관 역시 "무리하지 말고 국민과 부대원들 안전을 최우선으로 챙겨라" 했다. 김 대령은 (계엄법상 국회 해산은 위법임을 몰랐다며) "저는 무능하고 무책임한 지휘관으로 부대원들을 사지로 몰았다"며 울먹였다. 곽 사령관은 '옥중 노트'에서도 "국회의 계엄해제 요구안 통과 직후 계엄군 철수를 지시했다"는 윤석열 주장이 거짓이라 밝혔다.

나는 여기서 '계엄의 밤' 당시 국회 접수를 위해 투입된 특전사 요원들과 그 지휘관들의 내면세계엔 '양심의 구성'이 있었다고 본다. 군인, 특수임무를 띤 요원조차 그 외피 속엔 결국 '사람'이 있었다! 그러나 사람이라고 다 같진 않다. 인간성 내지 영혼을 배신하지 않을 때 사람다운 사람이 '된다.' 이런 면에서 인간은 늘 '과정으로서의 존재'다. '사람이 되는 과정'에서 기본은 영혼과 지혜이고, 이게 건강한 사회를 만든다.

법률 용어에 '범죄의 구성요건'이란 게 있다. 구성요건 해당성, 위법성, 책임성 등이 핵심이다. 범죄 행위의 주체와 대상이 있고, 행위와 결과가 있어야 한다. 그리고 주체의 고의나 과실이 있되, 위법성 및 책임성 면제 사유가 없어야 비로소 범죄가 구성된다.

이를 원용해 '양심의 구성요건'을 사유해 본다. 그것은 기억과 성찰, 느낌과 의심, 용기와 결단이다. 우리가 평소에 과거의 사건들(특히 폭력의 역사)에 대한 기억과 성찰을 한다면, 현실 문제에 대해 달리 묻고 의심할 수 있다. 이에 자기 느낌을 속이지 않고 정직하게 반응하는 것이 용기요 결단이다. 법적으로 이는 '부당 명령 거부권'이다. 이것이 사람과 세상, 자신을 구한다. 이 과정에서 매 순간 판단의 기준은 물질적 이익 아닌 '사회적 진실'이다.

홍 시장의 말처럼 "더 큰 대한민국으로 가려면 이번 사태를 반면교사로 삼아야" 하는데, 그러기 위해서라도 '양심 구성'을 통해 사람다운 사람이 돼야 한다. '생각 없음'이 악을 만든다는 (한나 아렌트의) '악의 평범성' 명제를 방증하듯, 국회 계엄 종료 뒤 철수하던 한 병사가 시민들에게 거듭 "죄송합니다"라며 뒷걸음질 치던 모습도 생생하다.

이에 비해, 앞에 나온 홍 시장의 '해프닝' 발언은 여전히 '양심 구성'이 요원하다는 고백에 다름 아닌 것으로 보인다. 사실, 양심은 돈·권력에의 '집단광기'에서 벗어나야 올바로 작동한다. 그런데 이게 비단 홍 시장만의 일일까? "나는 눈도 안 보이고 귀도 안 들리고 말도 못 하지만, 영혼이 죽지 않았기 때문에 살 수 있었다"던 헬렌 켈러의 말이 가슴에 콕 박히는 순간이다.

그람시, 안중근, 조마리아가 갈망한 세상

"낡은 건 가고 새 것은 아직 오지 않은 때, 이게 곧 위기다. 이 과도기(interregnum)엔 많은 병적 증상들이 생긴다." 안토니오 그람시(1891~1937)의 『옥중수고』다. 그는 1920년대 이탈리아 파시스트(무솔리니)에 저항하다 20년 이상의 징역형을 받고 1926년에 투옥됐다. 그는 오랜 옥살이와 치열한 글쓰기로 심신이 고갈됐다. 10여 년 수인(囚人) 생활 끝에 풀려났으나, 얼마 안 돼 사망했다. 겨우 46세!

그와 비슷한 때에 더 짧게 산 안중근(1879~1910)은 1909년 10월 26일, 동료 결사대와 만주 하얼빈에서 조선 침략 원흉 이토 히로부미를 사살했다. 그는 러시아제국군 헌병에 잡혀 일제 총영사관으로 이송됐고 재판을 받았다. 그리고 1910년 2월 14일, 사형 선고됐다. 이에 어머니 조마리아(1862~1927)가 이런 편지를 쓴다.

"네가 만약 늙은 어미보다 먼저 죽는 걸 불효라 생각한다면 이 어미는 웃음거리가 될 것이다. 너의 죽음은 너 한 사람의 것이 아니라 조선인 전체의 공분(公憤)을 짊어지고 있다. 네가 항소를 한다면 그것은 일제에 목숨을 구걸하는 것이다. 네가 나라를 위해 이에 이른즉, 딴 맘 먹지 말고 죽으라."

간담이 서늘해진다. 어떤 어머니가 사형을 언도받은 자식에게 이런 말을 할 수 있을까? 대다수 부모들은 사돈의 팔촌의 고교 동기동창의 일가친지까지 샅샅이 뒤져, 또 숟가락이나 반지 등 그 모든 재산을 털어 '지푸라기'라도 잡으려 한다. 그 목숨만큼은 구하려고! 그러나 조마리아는 냉정하고 비장하고 초연했다. 동서고금을 막론, 이런 어머니는 다시 보기 어려울 것이다.

과연, '견리사의 견위수명', 즉 "(코앞) 이익을 보면 그게 과연 옳은 건지 잘 따져보고, (나라가) 위태로운 걸 보면 기꺼이 목숨을 바쳐라"는 말을 입에 달고 산, 대인 안중근이 그냥 나온 게 아니었다. 그는 선고 후 약 40일 뒤(3월 26일), 사형됐다. 겨우 31세!

100년 전 인물들을 굳이 기억하는 까닭은, 2025년 지금도 '낡은 건 가고 새 건 아직 오지 않아' 다양한 위험과 기회가 교차하는 '위기'의 시간이기 때문! 원래 그람시가 말한 '과도기'란, 고대 로마에서 기존 주권자(황제)의 정치적, 법적 효력이 종말을 고했으나 아직 마땅한 계승자가 등장하기 이전이다. 이때 '많은 병적 증상들'이 나오는 것은 중국의 춘추전국시대처럼 백화제방의 시기이기 때문!

세계적으로 글로벌 자본주의는 2008년 세계금융위기

로 사실상 파산을 선고받았다. 그러나 자본주의의 멸망을 두려워한 자본-권력-보수 진영은 온갖 빚잔치('신용'경제) 내지 '아랫돌 빼내 윗돌 괴기' 수법으로 응급 처치를 했다. 그 뒤 한편에선 AI나 생명공학, 군수산업과 전쟁 등 부단히 새로운 성장 동력을 만들려 하고, 다른 편에선 해고, 장시간 노동, 현대판 노예노동 등을 통해 노동의 마지막 불꽃까지 삼키려 든다. 그 와중에 자유민주주의나 복지사회, 생태전환 등은 뒤로 밀리고, 인종차별, 이주민·난민 혐오, 극우 선동, 파쇼적 권위주의 등이 앞 다투어 창궐한다.

윤석열과 국힘당 중심의 12·3 내란, 극우 세력에 의한 서부지법폭동, 뒤이은 윤석열의 탈옥(?) 작전 등은 (안 그래도 반주변부 자본주의에 불과한) 대한민국의 '위기'를 거칠게 드러냈다. 100년 전 그람시의 말처럼 '낡은 건 가고 새 건 아직 오지 않은 때가 위기'임이 실감 난다. 이 과도기엔 많은 '병적 증상'이 나온다. 시대착오적 검찰 제왕과 '계몽령'이 그 증거! 그래서 우리는 본의 아니게 '잠 못 이루는 밤'을 지샜다.

이제 물어야 한다. 과연 어떤 세상이 새로 와야 하는가? 답을 찾기 위해서라도 과연 낡은 세상, 즉 윤석열과 국힘당의 세상은 어떤 것이었나를 보다 명확히 하자. 내가 보기에 일제 이후 최근까지 윤석열과 국힘당의 세상은 기득권의 세상, 상품-화폐의 세상, '강자 동일시'의 세상, 탐욕과 기만의 세상이었다. 안중근이 목숨 걸고 없애려 했던 이토 히로부미의 세상도 그것! 즉, 안중근은 이토 히로부미만 겨눈 게 아니라, 그가 표상한 낡은 세계까지 겨누었다. 그렇다면 기꺼이 목숨을 바친 안중근은 물론 그 어머니 조 여사는, 그리고 그들과 뜻을 함께한 투사들은 과연 어떤 세상을 갈망했을까? 그리고 그런 소망은 오늘의 우리와 어떻게 이어져 있을까?

이런 식의 질문과 토론, 최선의 해답을 위해 우리는 '과도기'의 혼란을 두려워하지 말고 오히려 적극 환영해야 한다. 물론, 거짓과 증오, 폭력과 조작은 금물! 비폭력의 열린 대화는 비록 겉으로는 혼란한 야단법석 같지만 실제로는 민주주의를 만드는 과정이다. 민주주의를 특정한 '제도'나 특별한 '인물'로 고착하지 않는다면, 즉 민주주의를 더 나은 세상을 만드는 지난한 '과정'으로 이해한다면, 여기저기 살아 있는 목소리들이 분출하는 걸 두려워할 까닭이 없다. 오히려 침묵과 굴종, 거짓과 조작이 더 두렵다!

12·3 내란에 부당하게 동원된 곽종근 전 특전사령관과 그 아내 역시 굴종과 거짓에 저항했다. 온갖 회유나 협박에도 불구, 이들은 "계엄군으로 국회에 들어간 것은 잘못됐다", "잘못한 것이니 벌은 당연히 받아야 한다", "남편의 명령으로 들어간 부하를 위해서라도 다 책임진다고 했다"는 입장을 고수했다! 곽종근과 그 아내를 보니 안중근과 그 어머니가 떠올랐다.

내 생각에, 앞으로 우리가 바라는 세상은 더 이상 기득권의 세상, 강자 동일시의 세상, 탐욕과 기만의 세상이 아닌, 기득권 자체가 없는 세상, 개성과 역량을 자유로이 펼칠 수 있는 세상, 나눔과 돌봄의 세상이다. 이제는 '많이 먹고 많이 싸는' 세상이 아니라 '조금 먹고 조금 싸는' 세상, 더 이상 '많이 일하고 많이 쌓는' 세상이 아니라 '즐겁게 일하고 많이 나누는' 세상이 돼야 한다. '탈(脫) 자본, 진(進) 생명'이 참된 가치다.

조마리아는 아들 안중근에게 마지막으로 말했다. "여기에 네 수의를 지어 보내니 이 옷을 입고 가거라. 어미는 현세에서 너와 다시 재회할 것을 기대치 않으니 다음 세상에는 반드시 선량한 천부의 아들이 되어 이 세상에 나오너라." 수의(壽衣) 입은 안중근과 그 '다음 세상', 이것이 오늘 우리의 화두다.

검찰의 진짜 얼굴을 되찾기 위하여, 검찰 개혁

2024년 12월 3일 밤 10시 30분경 검찰 출신 대통령 윤석열이 "비상계엄"을 선포했다. 다행히 이 계엄은 12월 4일 새벽 1시경 국회에서 "해제 결의"됐다(헌법 77조 5항). 그리고 (12월 7일 국회에서 탄핵 소추 표결 인원 미달로 1차 실패 뒤) 마침내 '내란 수괴' 윤석열 탄핵을 위한 국회의 '탄핵 소추'가 가결돼(재적 300 중 찬성 204표), 12월 14일 오후 5시경 종결됐다. 가결 소식에 나 역시 촛불광장에서 목이 쉬도록 '윤석열 탄핵'을 함께 외치던 이웃들과 "민주주의여, 만세!!!"를 삼창했다. 대학 입시 합격 소식보다 기쁜 순간, 아니, 죽다가 다시 살아난 기분이던 순간이다.

마침내 2025년 4월 4일, 헌재 판결로 윤석열이 꼬박 4개월 만에 파면됐지만, 이 넉 달 동안만 봐도 검찰 출신 대통령 및 한국 검찰 조직의 민낯이 제대로 드러났다. 검찰은 과거 '정권의 시녀'에서 '정권 그 자체'가 되었다가 결국 '해체의 덫'으로 스스로 뛰어들었다.

마치 "권력은 절대로 부패한다. 절대 권력은 절대적으로 부패한다"는 19세기 영국 사학자 존 달버그 액턴 경의 경고를 상기하듯이! 이것이 검찰의 한 얼굴('악마의 얼굴'이라 하자.)이다. 검찰의 이 얼굴은 권력 지향성, 조작의 달인, 무소불위의 오만함, 유검무죄-무검유죄(검찰 편은 무죄, 아니면 유죄) 등의 특성을 띤다.

물론, 검사라고 해서 이런 얼굴만 있는 건 아니다. '정의의 얼굴'도 있다. 1961년 5·16 쿠데타의 배경이 되는 1960년 4·19혁명 시절을 회상해 보자(김주완 기자, "한옥신 검사와 정병두 검사", 『경남도민일보』, 2009.2.5.).

사실, 4·19혁명의 시발점은 당시 이승만 정권의 부패와 무능에 뒤이은 3·15 부정선거였다. 1960년 3·15 정부통령 선거는 확실한 부정선거였다. 투표 시작도 안 돼 투표함엔 이미 4할의 투표용지가 차 있었고, 자유당 돈을 받은 유권자들이 삼삼오오 조직적으로 참여했으며, 반면 민주당 참관인의 입회는 거부되었다. 이에 민주당은 '불법선거'로 단정하고 무수한 시민들과 함께 가두투쟁에 나섰다. 평화시위였는데, 경찰 발포로 9명이 목숨을 잃었다. 다음날 최인규 내무부장관은 진상이라며 "데모군중의 사인은 압사인지 총사인지 모른다"고 발표했다.

이는 시민들을 더 분노케 했다. 격분한 이들이 북마산 파출소를 점거했는데, 군중이 몰려 난로가 넘어지는 바람에 불이 났다. 그러나 경찰은 이를 '파출소 방화사건'으로 규정했다. 이에 경찰은 길 가던 22세 청년을 무작정 붙잡아 그 소지품에서 운전면허증이 발견되자 갑자기 '자동차=휘발유'라는 등식과 고문을 통해 그를 방화범으로 내몰았다. 이 방화범 조작 과정에서 경찰은 민주당 도의원과 아들, 운전사 등을 공범 내지 배후자로 엮었다. 심지어 도의원을 남로당 전력의 공산주의자며, 방화범을 6·25 부역자라 우겼다.

바로 그때 정의의 검사 한옥신 등이 부산지검에서 파견됐다. 한 검사 팀은 경찰이 증거물로 제시한 휘발유 통과 사이다병 6개, 광목천 등을 엄정 조사 결과 휘발유 통은 15일 밤 경찰이 서성동 주유소에서 뺏은 것이며, 사이다병과 광목천 또한 경찰이 이웃 식당에서 가져온 것임을 밝혔다. 나아가 한 검사 팀은 경찰 당국의 조직적 반발과 협박에도 굴하지 않고 (김주열 열사를 죽인) 발포경관 다섯 명을 전격 구속했다. 이들 검사는 또 경찰이 숨진 시위 군중의 호주머니에 '인민공화국 만세'라 쓴 유인물을 찔러 넣고선 '공산당 사주에 의한 폭동'으로 몰아가려던 음모까지 폭로했다. 특히, 그는 김주열 열사의 시체에 돌을 매달아 바다에 유기한 범인이 마산경찰서 박종표 경위임도 밝혀냈다. 바로 이것이 검찰의 또 다른 얼굴, 즉 '정의의 얼굴'이다.

이들은 조직(검찰)에도, 사람(상사)에도 충성하지 않으며, 오로지 진실과 원칙에 충성한다. 이들의 무기는 양심, 정직, 용기다. 이들이 민중의 검찰이요, 세상을 살리는 검찰이다.

여태껏 우리는 정권이나 검찰 조직을 위해 충성하는 검

사를 숱하게 보아 왔지만, 사실 이들은 가짜 검찰(악마의 얼굴)이다. 진짜 검찰(정의의 얼굴)은 오로지 정의와 진실, 그리고 민주주의에 헌신하는 검찰이다. 이 양면성이 검찰의 두 얼굴인데, 불행히도, 가짜 검찰이 진짜 검찰을 압도하는 세상이 작금의 현실이다. 그리고 그런 현실이 최근의 '친위 쿠데타' 사태까지 불렀으며, 마침내 '검찰 해체의 덫'까지 자초했다. 이것을 보다 자세히 들여다보자.

이미 45년 전 박정희 시해(1979. 10.26) 전후에 있었던 계엄령과 전두환의 1980년 5·17 계엄 전국 확대 등으로 '계엄 트라우마'를 가진 이들에게 이번 검찰 출신 대통령의 '친위 쿠데타(기존 권력의 전복 목적이 아닌, 자기 권력의 사회 장악력을 강화하기 위한 셀프-쿠데타 또는 내란)'는 충격과 공포를 재연했다.

2023년 영화 〈서울의 봄〉(감독 김성수)은 이 점에서 매우 시의적절한 교육 영화였다. 계엄 아래서는 전 국민이 군경의 통제 대상이 되며, 그간 누려온 각종 자유권, 특히, 언론, 출판, 집회, 결사의 자유가 전면 제한된다. 계엄령과 포고령을 어긴 자들은 '합수부'에 의해 쥐도 새도 모르게 끌려가 구타와 고문을 당하고 심하면 목숨까지 잃는다. 쉽게 말해, 히틀러의 나치 시절이 이 땅에 재현되는 것! 그것이 계엄령이고 포고령이다. 이런 상황 아래선 군대, 경찰, 검찰, 법원 등 국가 공권력이 '광란의 칼춤'을 추면서

민주주의와 정의, 그리고 진실을 폭력적으로 농락한다.

그래서 이번 12·3 '친위 쿠데타'가 우리에게 던진 질문이 하나 있다면, 그것은 단연코 '국가란 무엇인가?'라는 질문일 것이다.

대한민국 헌법(10조)에 따르면 "모든 국민은 인간으로서의 존엄과 가치를 가지며, 행복을 추구할 권리를 가진다. 국가는 개인이 가지는 불가침의 기본적 인권을 확인하고 이를 보장할 의무를 진다." 즉, 모든 국민은 인간 존엄성, 행복 추구권을 가지며, 국가는 이 기본 인권을 보장해야 한다. 이것이 국민과 국가 간 '사회계약'이다. 이 계약을 전제로 국민은 국가에 세금을 내고, 준법정신에 이어 이 국토와 이웃을 사랑하는 마음(애국심, 애족심)도 키운다.

그런데 이번 12·3 쿠데타(내란)의 큰 그림을 보면, 국가를 운영하는 핵심 일꾼들(특히, 윤석열 대통령과 김용현 국방장관, 여인형 방첩사령관 등 '충암고 3인방')이 이러한 사회계약을 철저히 기만, 배신했다. 그 큰 그림은 남북한 사이에 전쟁(국지전)이나 요인 납치 등 내란과 소요를 유도, 그를 빌미로 비상계엄을 내려 현 정권이 국정 전반을 확실히 장악하는 것이다. 지금까지의 언론 보도나 국회 증언 등에 따르면 그 근거들은 이렇다. (윤석열은 2024년 8월 12일, 김용현을 국방장관으로 지명했고, 국회청문회 반대 여론을 무시하고 9월 6일 임명을 강행했다.)

첫째, 2024년 6월 26일, 해병대가 백령도와 연평도에서 실시한 대규모 해상 사격 훈련에서 K-9 자주포와 다연장로켓 천무, 스파이크 미사일 등 군의 최첨단 무기 290여 발을 쐈다. 9·19 군사합의로 훈련이 중단된 지 6년 10개월 만이었다. 당시 군은 9·19 군사합의가 파기됐고 오물 풍선 살포와 GPS 교란, 탄도 미사일 시험 발사 등에 대응하기 위해서라고 했다. 그러면서 즉시, 강력히, 끝까지 응징하겠다는 구호를 반복했다. 정구영(해병대 제6여단) 포병대대장은 "적이 도발하면 준비한 모든 것을 쏟아부어 즉각, 강력히, 끝까지 응징할 것"이라 했다. 당시 사격 구역은 북한이 극도로 민감해하는 지역으로 설정했다. 그날 공군은 북한이 육안으로도 전투기를 볼 수 있는 고도 비행 훈련을 실시했고, 육군 아파치 헬기 부대는 극히 이례적으로 NLL 최북단 항로까지 근접 비행해, 부대원들이 생명의 위협을 느꼈다는 증언까지 나왔다. 당시 우리 군 관계자는 "이 정도면 북한군의 반응이 있을 줄 알았는데 아무 반응이 없었다"고 말하기도 했다.

둘째, 2024년 9월 5일, 해병대가 백령도, 연평도에서 K9 자주포와 천무 300발을 사격했다. 2010년 10월의 연평도 교전 당시보다 수십 배 강한 화력이었다. 그런데 이번에도 북한이 반응을 안 했다. 그래서 실패!

셋째, 2024년 10월 9일, 평양의 번화가에 남한에서 보낸 무인기(드론) 3대가 등장해 삐라를 살포했다. 저공 비행을 했기에 소음이 컸고 북한군 카메라에도 포착될 정도였다. 세 대 중 한 대는 유실되고(북한이 10월 19일 사진을 공개) 두 대가 귀환했다. 이 무인기(드론) 작전은 방첩사, 정보사, 드론사 등의 합동 작품이었다. 이렇게 북한을 근접해 도발했으나 국지전 유도에는 실패!

넷째, 2024년 10월 15일, 북한이 (유엔사에 사전 통보 후) 경의선과 동해선의 (남북 연결) 철길 및 도로를 폭파·단절하고 거기에 대전차 방벽까지 쌓자, 남측에서는 폭발음을 이유로 맹렬한 대응 사격을 했다. 그럼에도 북측에서는 별 반응을 하지 않아 또 실패!

다섯째, 2024년 10월 24일, 군 출신인 한기호 국민의힘 의원(육사 31기)이 신원식 대통령실 국가안보실장(육사 37기)에게 "러시아에 파병된 북한군을 공격해 피해를 입히고 이를 대북 심리전에 활용하자"고 제안한 휴대전화 텔레그램 메시지가 포착됐다. 이것이 국회 국방위에서 폭로되고 야당에 의해 '계엄 예비' 음모라 비판받자, 이 대북 심리전도 실패!

여섯째, 2024년 11월 27일, 백령도에서 K9 자주포를 또 쐈다. 평양 인근의 심포나 해주에 있는 군사 기지가 위험에 처하기도 했다. 그런데도 북측은 별 대응이 없었다. 불행인지 다행인지, 당시 북한 특수부대가 러시아-우크라이나 전에 파견되어 미사일 등이 없는 상태였다. 이 작전 역시 실패!

IV 누가, 무엇을, 어떻게 바꿀까?

일곱째, 2024년 11월 28일, 합참에서 전술 토의가 있었다. 김용현 국방장관(육사 38기) 주도로, 북한의 오물 풍선이 오는 것에 대해 "경고 사격 후 원점 타격하라", 이런 내용이었다. 북에서 오물 풍선 수천 개가 온다는 건 전담 조직이 있음을 암시하기에 그 조직을 집중 타격하란 얘기였다. 그러나 해군 출신 김명수 합참의장은 "국민 안전에 심각한 위해가 발생하거나 선을 넘은" 근거가 없었기에 "원점 타격"을 실행하지 않았다. 따라서 이것도 실패!

여덟째, 이 모든 시도들이 뜻대로 되지 않자, 새로운 전술로 나온 것이 (북한 인민군에 의한 정치인 암살 등) 12월 3일 밤에 우리 모두 목격한 '친위 쿠데타'다. 이 역시 그 실행 과정이 뭔가 어설프고 제대로 조직되지 못해 실패했다.

특히, 국회의원들의 발 빠른 대응과 용감한 시민들(약 4천 명)의 직접행동으로 계엄 해제를 결의했기에 천만 다행으로 실패했지만 원래 시나리오는 상당히 달랐던 것 같다. 게다가 투입된 현장의 군인들은 당초 ("접경지역"에서의) '대북 작전'이라 들었던 내용과 달리 민간인 내지 정치인을 상대로 펴야 하는 작전이 전혀 내키지 않았을 것이다.

즉, 당초의 시나리오는 한편에서는 특수부대(HID) 또는 임시 암살단에 의한 요인 체포와 암살 등으로 실질적인 '내란'을 유발(당일 밤 11시 이전에)한 뒤, 다른 편에서는 대통령이 계엄을 선포, 국회를 침탈하고 선관위 서버를 확보하는 것이었을 가능성이 있다. 아니면 1차 계엄 실패 후에

2차 계엄 시도에서 그런 시나리오를 위한 비상 작전 계획이 있었던 것으로 보인다. 국회 침탈과 요인 체포, 선관위 서버 확보는 이미 그간의(12.3~12.14) 내란 과정에서 비교적 분명히 드러났지만, '암살 계획'은 아직 더 확실한 수사를 필요로 한다. 최근에 노상원 메모에서 밝혀진 바로는 암살 대상자 규모가 '5천 명에서 1만 명까지' 추산될 정도다. 만일 계엄이 제대로 성공했더라면 1980년 5월의 광주보다 최소한 10배 이상의 학살이 자행될 뻔했다!

그런데 언론인 김어준이 한국에 대사관이 있는 우방국으로부터 입수한 제보('내란'의 내용)를 재구성하면(12월 13일 12시경 국회 과방위에서 공개됨), 한동훈 국힘당 대표는 체포 명단(15인 내외)에 올랐고, 이송 도중 "암살 대상"이었다. 암살범들은 정보사 산하 특수부대(HID) 소속이고 암살 뒤 일정한 장소에 인민군복을 파묻는 걸로 돼 있다. 국정원 출신 민주당 박선원 의원에 따르면, 이 특수 작전을 위해 육사 38기 김용현 국방장관과 41기 노상원 전 정보사령관, 현 문상호 정보사령관 주도로 '별동대(TF)'가 만들어졌다. (그 와중에 현 검찰 특수본은 수사를 윤석열 측에 유리하게 끌고 가려 한다. 검찰 우두머리가 이번 쿠데타에 대거 관련되었기에 여전히 '권력의 편'이다. 반면, 공수처-경찰국수본-국방수사단의 공조본은 비교적 '진실의 편'이다. 12월 18일, 검찰은 윤석열과 이상민의 내란 관련 수사자료를 공수처로 이송키로 했다.) 나중에 인민군복이 발견되면 '이것이야말로 북한군 소행의 증거'라 제시될 터였다.

다음으로, ("종북세력" 내지 "반국가세력"으로 분류된) 조국, 양정철, 김어준 등 3인을 체포 및 호송하다 북한군 위장 특수대원들이 구출하는 시늉을 하고 도주한다. 동시에, 일부 미군을 사살한 뒤, 미국이 북한 폭격을 하게 유도한다. 또, 북한산 무인기에 북한산 무기를 탑재해 사용한다. 이런 내용들인데, 마치 '스릴 만점'의 영화 시나리오 같다.

물론, 이 내용의 사실 여부는 향후 엄밀한 검증이 필요하나, 만일 이게 사실이라면 '친위쿠데타'는 거의 완전 범죄가 될 뻔했다! (참고로, 30년 경력의 브래드 셔먼 미국 민주당 하원의원에 따르면, 미군과 미국은 이 모든 과정을 알고 예의주시하고 있었다고 한다. 참고로, 그는 한반도 전문가로 남북한 간에 '평화협정'을 체결하는 것이 급선무라 본다. 제발, 한반도에 평화협정이 체결되고, 남북한 간 교류가 원활해져 남한 체제의 장단점과 북한 체제의 장단점을 감안하면서 남북 모두 '생태민주주의' 방향으로 수렴하는 통일을 이뤄내면 좋겠다.)

한편, 이미 경찰 수사에서 밝혀진 바에 따르면, 위 '내란'이 벌어지기 직전인 12월 3일 19시경, 대통령은 (김용현과 함께) 삼청동 안가에서 경찰총장(조지호)과 서울경찰처장(김봉식)을 비밀회동 중이었다. 그 무렵 검찰 측과 국정원 요원도 그 비밀회동에 참여했을 가능성이 높다. 대통령과 김용현은 15명 내외의 '체포 명단'과 '계엄 문건'을 전달했고, 국회, 선관위, MBC 방송국 등 10여 개 기관 접수를 지시했다. 이를 통해 윤석열 검찰식 '자유민주주의' 질서를 확립하려 했다. 여기서 한 걸음 더 나아가 '윤석열-김건희'가 무엇을 노렸는지 보기 위해 위 '체포 명단'을 자세히 살펴보자. 내가 종합한바, 체포 명단엔 16명이 든다. 이들은 왜 체포 명단에 올랐을까?

1) 한동훈 국힘당 대표: 처음엔 (박근혜-최순실 국정농단 사건 때) 윤석열과 같은 특검팀으로 활약, 윤석열 대통령 아래 법무장관까지 할 정도로 후계자로 부각됐다. 그러나 갈수록 무능과 무책임, 비일관성이 드러나고, 심지어 '명태균 사태'(불법 여론 조작, 부당 공천 개입 사건)를 계기로 윤석열-김건희와도 균열이 커졌다. 최근엔 한씨 가족 모두 비밀리에 반-윤석열 댓글부대로 뛰었다. 이것이 '암살 대상 1호'가 된 배경이다! 게다가 가칭 북한군이 여당 대표를 암살했다 하면, 대통령이 계엄을 선포할 좋은 구실이 된다.

2) 이재명 민주당 대표: 윤석열, 한동훈의 최대 라이벌이자, 국힘당의 최대 공포("종북세력", "반국가세력")다. 그는 2024년 1월 2일 10시 29분경 부산광역시 강서구 대항전망대에서 가덕도신공항 건설부지 시찰 후 이동하면서 기자들과 질의응답 도중, (살해 의도를 품고 접근한) 김진성의 양날형 칼에 목을 찔려 생명을 잃을 뻔했다. 그 외 그는 윤석열 측이 시도한 (대장동, 성남FC, 쌍방울 사건 등에서) 사법적 살인 시도들에도 살아남아, 강력한 야당을 이끎으로써 윤석

열과 국힘당에 최대의 걸림돌로 비쳐, 제거의 대상에 올랐을 것이다.

3) 조국 조국혁신당 대표: 문재인 정부 때 민정수석 및 법무장관으로 '검찰 개혁'을 주도했기에 윤석열의 검찰에겐 눈엣가시다. 2019년 이른바 '조국 사태' 이후 부인 정경심 교수의 표창장 사건, 딸과 아들의 장학금이나 입시 비리 사건, 본인의 직권남용 사건 등, 과장 및 조작된 건으로 인해 만신창이가 됐다. 그럼에도 2024년 4월 총선에서 "쇄빙선"을 자처한 조국혁신당이 큰 성공을 거두고 민주당과 함께 정국을 주도하자 제거 대상이 됐다. (조국 대표는 12월 12일 대법원에서 징역 2년을 선고받아 16일 수감되었다.)

4) 김어준 공장장: 유튜브 방송 〈김어준의 겸손은 힘들다 뉴스공장〉 및 딴지일보 총수를 맡은 김 씨는 기존 언론 패러다임을 넘는 시도로 사회적 영향력이 높다. 아침 7시부터 시작되는 방송은 동시접속자 수가 40만 명을 넘기 일쑤다. 게다가 출연자 대다수가 야당 정치인들로, 이들이 한 번 출연하면 파급효과가 매우 크다. 심지어 각종 선거 국면에서 비교적 객관적인 여론조사를 해왔고 특히 (윤석열 대선 충격 이후인 2022년 10월에 정식 설립된 뒤) 2024년 총선에서 '여론조사꽃'이 한 역할은 눈부셨다. 체포 명단에 안 들어갔다면 그는 아마도 (겸손이 아니라) 서운해서 참기 '힘들다' 했을지 모른다.

5~6) 양정철 전 민주연구원장과 조해주 전 중앙선거

관리위원회 상임위원: 양정철은 언론노보 기자 출신으로 2003년 노무현 전 대통령의 대선 승리를 도우면서 정계에 진출했다. 정치적 감각과 기획력이 탁월해 노무현정부에서 청와대 홍보기획비서관을 맡았고 문재인 민정수석과 가까워졌다. 주요 인사들과 조직관리를 실질적으로 전담했으나, 문재인 대통령 당선 뒤엔 '백의종군'으로 물러났다가 2년여 만에(2019. 5.) 민주당 산하 민주연구원장이 됐다. 박지원 전 국정원장은 "(2019. 7. 임명된) 검찰총장에 윤석열을 추천한 사람은 양정철 전 민주연구원장"이라 했다. 그러나 2020년 4·15총선(민주당 180석) 이후 죄다 "부정선거"라 보는 윤석열 눈(또는 극우유튜브들의 눈)에는 '선거책사'로 통하던 양정철이 매우 수상했을 것이다.

다음으로 조해주 상임위원은 문재인 정부에서(2019. 1.) 중앙선관위원으로 임명됐으나, 문재인 대선 캠프 이력(공명선거 특보) 논란으로 자유한국당 등 야당이 인사청문회를 보이콧했다. 결국, 인사청문회 없이 중앙선관위원으로 임명 강행됐다. 그러나 2022년 3월의 대선에서도 "부정선거" 의혹을 가진 윤석열 측에선 조해주 상임위원이 선거조작의 핵심이란 혐의를 버릴 수 없었을 것이다. 윤석열의 판단으로는 '훨씬 더 많이 이길 수' 있었는데 선거조작 탓에 이재명 대표에 단지 0.7%의 차이로 간신히 이겼다는 것! 그리고 그 뒤 2022년 6·1 지방선거나 2024년 4·16 총선 등에서도 부단히 "부정선거"가 있었다는 게 윤석열의 확신이다.

7~11) 우원식 국회의장, 이학영 국회부의장, 민주당 박찬대 원내대표, 김민석 최고위원, 정청래 법사위원장: 모두 민주당 국회의원으로, 윤석열의 눈에는 대통령과 여당이 정치를 제대로 하지 못하게 가로막는 장애물이며, "종북세력" 내지 "반국가세력"으로 비친다. 이들이 주도하여 김건희 특검법안을 수차례 시도하고 있으며 심지어 대통령 탄핵까지 추진 중이니 이번 계엄으로 이 모두를 "싹 다 잡아들여" 제거할 필요성이 더 높아졌다.

12) 양경수 민주노총위원장: 2021년 1월에 제13대 민주노총위원장으로 당선됐는데, 민주노총 역사상 최초로 비정규직으로 위원장이 됐다. 2012년부터 2016년까지 금속노조 기아차지부 화성지회 사내하청분회장과 2017년부터 2020년까지 민주노총 경기지역본부 본부장을 지냈다. 그는 문재인 정부 때이던 2021년 7월 3일, 약 8천 명이 참여한 민주노총의 노동자대회를 개최했다. 경찰은 코로나19 방역지침 위반, 집시법, 감염병예방방법 위반, 일반교통방해 혐의 등을 이유로 3회 이상 출석을 요구하였으나, 이에 불응했다. 그 뒤 경찰이 2021년 9월 2일 민주노총 본부를 습격했을 때 강제 연행돼 재판까지 받았다. 징역 1년, 집행유예 2년, 벌금 300만 원이 선고되어 석방됐다. 그는 석방 직후인 11월 28일에 전국청년노동자대회를 개최했다. 이러한 민주노총의 투쟁은 "카르텔", "건폭" 운운

하는 윤석열 정부에서 더 격렬해졌다. 노동자 저항이 거셀수록 자본이나 국가에는 불리하니, 윤석열에겐 한시 바삐 제거할 장애물!

13~15) 김명수 전 대법원장, 권순일 전 대법관, 김동현 판사: 김명수 전 대법원장은 이재명 대표가 공직선거법 상고심에서 무죄를 선고받아 기사회생했던 2020년 대법원 전원합의체를 이끈 적이 있다. 또 권순일 전 대법관은 이 과정에서 캐스팅보트를 행사했다. 그리고 김동현 판사는 최근 이재명 대표의 위증교사 재판에서 무죄를 선고했다.

16) 김민웅 촛불행동 대표: 김 대표는 목사이자 교수로서 광장에 나가서도 촛불행동을 이끌고 있다. 윤석열 정부에 반대하는 집회 및 시위를 선동하는 자로 보일 것이다. 더욱이 그는 윤석열 정부 및 국힘당의 저격수(특히 초창기부터 '계엄'을 지속 경고함)로 급부상한 민주당 김민석 최고위원의 친형이다. 그는 이태원 참사 이후 윤석열 정부의 실정과 모순을 치열하게 들춰내고 반정부 분위기를 확산하는 "종북세력" 내지 "반국가세력"으로 낙인찍혔다. 윤석열에겐 한시 바삐 척결해야 할 대상!

이런 주요 인사들을 체포, 호송해 수방사 지하 벙커에 가둔 채 '합수부'의 수사를 통해 (과거 권위주의 시절처럼) 각종 조직 사건을 만들어내려 한 듯하다. 여기서 우리는 왜 12월 3일 밤이 D-Day였는가, 물을 수 있다. 그것은 익일인 12월 4일, 국회에서 이창수 서울중앙지검장 등 3명의 검사들(김건희의 도이치모터스 주가조작 건에 무혐의 처분)과 감사원장이 탄핵될 예정이었다. 윤석열의 최측근 탄핵이란 곧 김건희-윤석열의 몰락을 의미했기에 매우 다급했다. 게다가 이 시기는 이른바 '명태균의 황금폰' 속 윤석열의 공천 개입(예, 국힘당 공천위원장 윤상현에게 대통령이 직접 전화해 김영선 공천을 지시한 것)이 만천하에 드러날 무렵이다. 윤석열-김건희 입장에서는 '계엄이냐 죽음이냐, 그것이 문제'였다!

이제 정리해 보자. 헌법을 준수하고 인권을 보호해 국민 행복을 증진시키는 데 기여해야 할 검찰 출신 대통령은 자신과 부인, 그리고 자신을 대통령으로 만든 국힘당에 해로운 존재들을 이번 계엄으로 체포, 구금, 심지어 "사살"까지 하려 했다. 나아가 그런 범죄를 "북한군" 소행으로 위장함으로써 대내적으로는 새로운 '북풍'을 조장, 분단 이데올로기와 반공 의식을 강화하고, 대외적으로는 미국을 등에 업은 북한 침략을 시도하려 했다. 작게는 요인 암살을, 크게는 한반도 전쟁을 획책하는, 엄청난 범죄 시나리오가 전개되고 있었던 것!

그런데 여기서 검찰의 두 얼굴 중 '악마의 얼굴'이 더욱 두드러진다. 여태껏 드러난 '악마의 얼굴'은 여럿이다. 1) 계엄 선포 전부터 검찰의 일각은 국정원과 함께 비밀 회동에 참여한 것으로 보인다. 2) 수사개시권 차원에서, 내란죄 수사는 경찰의 관할에 있지 검찰 관할이 아니다. 3) (한동훈 법무장관 때) 검찰법 시행령에서 직권남용죄를 수사 대상으로 억지 삽입했는데 그걸 매개로 검찰이 내란죄까지 수사하는 건 위법하다. 4) 공수처나 경찰이 검찰더러 사건 이첩 또는 압수수색 영장을 청구했는데 이 모두 거부한 것도 위법이다. 5) 과거 권성동의 강원랜드 채용비리 사건에서 드러난바, '위법 증거수집'으로 인한 무죄 판결을 노린다. 6) 이 모두의 종합으로, 검찰은 법원으로부터 내란죄 '공소 기각'을 받으려 할 가능성이 높다. 시간만 지연시키고, 무죄 판결을 향해 달린다. 이 모두를 알면서도 검찰이 윤석열 등 모든 내란 관련자들의 수사를 '독점 선취'하려는 것, 바로 이것이 곧 이번 사태에서 또 드러난 '악마의 얼굴'이다.

이제, 검찰의 다른 얼굴이 절실히 필요하다. 64년 전 마산 3·15 부정선거 시민항쟁 당시 온갖 위협과 두려움을 무릅쓰고 법적 시시비비를 정확히 가려낸 한옥신 검사팀이 바로 그 다른 얼굴(정의의 얼굴)이다. 그런 검사는 없을까? 있다! 실은 누구나 정의의 검사가 될 수 있다.

다만 두 가지 조건이 있다. 한편으로 (보복에 대한) 두려움이 없고, 다른 편으로 (권력욕, 재물욕 등) 탐욕이 없어야 한다. 검사 선서("불의의 어둠을 걷어내는 용기 있는 검사, 힘없고 소외된 사람들을 돌보는 따뜻한 검사, 오로지 진실만을 따라가는 공평한 검사, 스스로에게 더 엄격한 바른 검사로서, 처음부터 끝까지 혼신의 힘을 다해 국민을 섬기고 국가에 봉사할 것을 맹세")의 바탕인, '법과 양심, 법과 원칙'에 따르면 된다. 예컨대, "상명하복이 지배하는 조폭과 우리 검찰이 본질적으로 다른 것은, 우리에게 상명하복에 우선하는 '정의로서의 법과 원칙'이 있기 때문이 아닙니까?"라고 묻는 임은정 검사(『계속 가보겠습니다』, 100쪽)나 "귀찮아야 민주주의고, 까칠하게 잘 따져야 법치주의라고 할 수 있다"는 진혜원 검사(『진실과 정의에 대한 성찰』, 84쪽)가 대표적이다. 보다 현실적으로, 현재의 권력관계로부터 비교적 자유로운 '특검'을 당장 실시하면 된다.

물론 '피도 눈물도 없던' 한옥신 검사조차 (다른 양심적 검사들이 사표로써 불복종한 것에 동참하지 않고 살아남아) 박정희 정권을 위해 제1차 인혁당 사건(1964년)을 처리한다. 이 인혁당 사건은 한일회담 반대 시위의 배후에 북한 간첩의 사주나 선동이 있었다고 보는 조작 사건이었다. 당시 서울지검 공안부 검사들은 기소 가치도 없다며 기소를 거부했다. 물론 그 정의롭던 한옥신 검사가 그렇게 '자기 배신'을 하게 된 배경엔 북에서 남파된 사촌을 하룻밤 재워주는 바람에 국가보안법상 불고지죄로 곤욕을 치른 탓이 있다.

그렇게 수십 명을 죄인으로 만든 공안 사건은 2013년 서울고등법원의 재심과 2015년 대법원 판결에 의해 무죄 확정됐고, 고문조작 사실까지 확인됐다. 무고한 시민을 공안 사건으로 엮어 옥살이를 하게 하고 심신과 가정을 파탄 나게 한 뒤, 무려 50년이나 지나 '무죄'가 밝혀지는 구도, 몇 마디의 '영혼 없는 사과'와 돈 몇 푼으로 보상하는 구도, 이 전반적 구도 자체가 또 다른 '악마의 얼굴'이 아닐까?

2024년 노벨문학상 수상 작가인 한강은 수상식 며칠 전인 12월 8일 스웨덴 한림원에서 '빛과 실'이란 제목의 특강을 했다. 그는 이십대 청춘 이후 (광주학살을 기억하며) 두 가지 질문을 늘 가슴에 품었다 했다. 그것은 "현재가 과거를 도울 수 있는가? 산 자가 죽은 자를 구할 수 있는가?"였다. 그러다 그는 언젠가부터 질문을 뒤집었다. "과거가 현재를 도울 수 있는가? 죽은 자가 산 자를 구할 수 있는가?" 아마도 초등생 시절에 직접 경험한 1980년 광주학살의 충격과 공포가 장성한 작가에게 남긴 파문일 것이다.

그런데 바로 그 노벨상 수상식이 진행되기 일주일 전인 2024년 12월 3일 밤, '민주공화국 대한민국'에서 검찰 출신 대통령에 의한 '친위쿠데타'가 일어났다. 이미 1979년 10월과 12월, 그리고 1980년 5월의 '계엄 트라우마'를 안고 살던 수많은 시민들과 국회의원들, 보좌관들이 계엄 해제를 위해 국회로 몰려들었다. 윤석열과 김용현, 여인형 등의 명령을 받은 계엄군들이 국회에 도착하기 전부터 이미 수백, 수천 명이 먼저 몰려갔다. 그리하여, 천만 다행으로 계엄이 조기 종식됐다. 마치 한강 작가의 질문에 "과거가 현재를 도울 수 있고, 죽은 자가 산 자를 구할 수 있다"고 답하듯! 다만 이것이 가능하려면 우리에겐 늘 '역사적 기억 투쟁'이 필요하다.

이번 계엄 사태에서 내 기억에 남는 장면들(2024년 12월 16일 오전 〈뉴스 공장〉 보도)이 여럿 있다. 한강의 『소년이 온다』에 나오는 "특별하게 잔인한 군인들"과는 전혀 달랐던 '특별히 인간적인 군인들'의 모습, 그리고 용감한 깨시민의 모습들이 특별히 기억에 꽂힌다.

1) 국회 침탈 명령을 받은 군인들이 본관 유리창을 천천히 '질서 있게' 깨고 넘어 들어간 뒤, 난초 화분을 조심스레 옆으로 옮겨놓았던 장면,

2) 계엄군의 총을 붙들고 "(이렇게 국회를 무력 침탈하는 게) 부끄럽지도 않아?"라며 항의하는 여성에게 해당 군인이 아무 말도 못한 채 방아쇠로부터 손가락을 떼며 뒤로 물러서던 장면,

3) 국회 안으로 들어온 군인들에 맞서던 50대 여성 보좌관들이 군인의 뺨을 때리며 "우리 아들도 군대 갔는데 이러면 안 되잖아"라며 꾸짖던 장면,

4) 국회 안으로 진입하려던 군인들을 일반 시민들이 못 들어가게 옷과 몸을 끌어당기던 장면,

5) 일부 고위 군인들이 국회에서 (부하들에 대해) "무능한

지휘자 만나서, (치욕을 겪게 해서) 미안하다"며 울먹이던 장면이나 "처음부터 불법성을 느끼고 명령을 거부하지 못해서 죄송하다"며 속마음을 말하던 장면. 그리고 계엄의 밤에 이재명 민주당 대표가 맨 먼저 "국회로 모여 주세요!"라며 계엄 해제를 위해 국회의원과 시민들이 결집할 것을 유튜브 생방송으로 알리는 장면. 의원회관 안에서는 국회 직원과 야당 의원 보좌관들이 온몸으로 계엄군을 막아내려 땀을 흘렸다.

6) 12월 3일 밤, 국회로 출동한 장갑차를 한 청년이 맨몸으로 막아서는 장면, 두려움은 나중에 느꼈고, 두려움보다 앞서 본능적으로 '이건 아니지!'라는 정의감이 작동한 셈! 이 모습에 감동 받은 주변 시민들도 그와 함께 장갑차 앞을 막아서며 이동을 저지했다. 이 장면을 워싱턴 포스트(WP)가 촬영해 보도하며, 한 시민이 "내 시체를 넘어가라!"고 외쳤다 했다.

7) 12월 7일과 14일, 국회에서 윤석열 탄핵 소추 가결이 있던 날, 각기 백만 명 이상의 시민들이 전국에서 모여들어, 그리고 지역마다 수십, 수백, 수천의 사람들이 '살아있는 목소리'를 모아 내던 장면,

8) 12월 21일 오후, 전국의 농민들이 트랙터를 몰고 남태령을 넘어 서울 시내로 진입하려다 경찰에 의해 막혔을 때, 수많은 연대자들이(특히 2030 여성들이) 몰려들어 이들과 함께했던 장면(휴지 등 각종 생필품 보급, 식사와 물 제공,

따뜻하게 데운 난방버스 제공 등),

9) 2025년 1월 4~5일, 서울 용산구 대통령 관저 인근의 '노동자 시민 윤석열 체포대회' 농성장에서 은박 담요를 뒤집어쓴 시민들이 밤을 지새우며 농성을 했을 때, 5일 아침 서울 전 지역에 대설주의보가 내려지는 바람에 은박 담요 속의 시위대들이 함박눈을 뒤집어써 '키세스' 초콜릿을 닮은 모습을 보여, '키세스 시위대'가 되었던 장면,

10) 그 모든 것의 종합으로, 12·3 계엄의 밤 이후 매일 또는 매 주말, 서울 등 도시, 지역의 광장에 몰려든 수많은 탄핵 시위대 행렬(최대 인파 2백만 명 집중 투쟁)은 그런 생동하는 장면들의 절정을 이루었다. 사람의 숫자도 숫자지만, 불굴의 정신으로 꼬박 넉 달 내내 쉼 없이, 자발적으로 광장을 지켜냈다는 것이 더 중요한 측면이다.

이 모두, '과거가 현재를 도울 수 있고, 죽은 자가 산 자를 구할 수 있음'을 증명하는 생생한 증거들이다.

한강 작가는 2024년 연말의 노벨문학상 수상 관련 특별 연설에서 최근까지 또 다른 두 질문과 씨름했다고 말했다. "세계는 왜 이토록 폭력적이고 고통스러운가? 동시에 세계는 어떻게 이렇게 아름다운가?" 이에 내 나름의 답을 해 보면 이렇다. 권력과 재물에 중독된 자와 그 주변의 동반중독자들이 폭력 사회 또는 고통 사회를 만들어 간다면, 양심과 정의를 지키려는 사람들의 끈질긴 고집들이

아름다운 세상을 만든다!

그래서 나는 다시 묻는다. 국가가 국민을 상대로 한 '사회계약'을 이행하기 위해 국가는, 또 국가를 경영하는 자들은 지금 당장 무엇부터 해야 하는가? 그리고 보다 차분히, 앞으로 우리는 어떤 나라를 만들어야 하는가? 굳이 의사나 판·검사가 되지 않더라도, 이 땅에 태어나 사는 것 자체가 행복이라 느껴지는 그런 세상은 불가능한가? 요컨대, 과연 국가란 무엇인가?

한강 작가는 앞 연설에서 "하나의 장편소설을 쓸 때마다 나는 질문들을 견디며 그 안에 산다"고 했다. 우리 역시 우리들만의 질문들(예, 국가란 무엇이며, 우리는 어떤 나라를 만들어야 하는가?)과 함께 또 다른 긴 역사를 한 걸음씩 몸으로 써야 한다. 아무리 험난하더라도 그 질문들이 더 이상 필요하지 않게 될 무렵, 우리는 또다시 새 역사를 쓰게 될 것이다.

내가 만일 노동부장관이라면

"반노동이 뭔지 좀 묻고 싶습니다… 제가 노조 출신이고, 제 아내도 노조 출신이고, 우리 형님도 노조 출신이고…. 노동약자 보호에 중점을…, 노사정 모두 행복한 대한민국…." 2024년 7월 31일 윤석열 대통령에 의해 노동부장관 후보로 지명된 김문수 경제사회노동위원장이 "반노동적 성향이란 비판에 대해 어떻게 생각하느냐?"는 기자들 질문에 반응한 내용이다. 정진석 대통령비서실장은 김 후보자 지명의 근거로 "입법부, 행정부를 두루 경험한 후보자야말로 다양한 구성원들 간의 대화와 타협을 바탕으로 노동개혁 과제를 완수할 수 있는 적임자"라 했다.

1970~1980년대 박정희, 전두환 군부 정권 아래서의 노동운동, 그것도 민주노동운동은 거의 '간첩' 취급을 받았다. 그러니 당시에 노조운동을 했다는 것은 예사로운 일이 아니다. 더구나 '서울대 경영학과' 출신으로 앞길이 창창한 청년이 (학력을 속이고) 노동운동에 투신한다는 것은 기득권의 과감한 포기를 넘어 자칫 (감옥은 물론) 목숨까지 걸어야 했던 엄중한 일이었다. 당시에 시대를 앞선 대학생들이 "(한자로 쓰인 근로기준법을 보며) 대학생 친구 하

나 있었으면 좋겠다"던 전태일 열사와 '친구'가 되어 스스로 노동자가 되고 노조 활동을 하고 노조 위원장까지 했던 사실 자체는 결코 속일 수도 없고 잊어서도 안 된다. 그용기와 결단은 존중받아 마땅하다. 그러나 문제는 그런 정신을 얼마나 '일관성 있게' 지키며 사는가 하는 것이다. 시간이 갈수록 그 소신을 총체적 삶 속에 잘 녹여내며 사는 것이 올바른 태도일 터!

그러나 김문수는 그가 투쟁하며 맞서 싸웠던 정치세력인 극우보수 정당으로 '넘어갔고', 거기서 국회의원을 3번이나 했으며 경기도지사도 2번이나 했다. 그 뒤엔 태극기부대나 전광훈류의 극우 유튜버 활동도 했다. 그런 그의 '180도 바뀐' 행보조차 고개를 갸우뚱하게 하지만, '순대'라는 별명까지 얻은 일화는 더 서글픈 코미디다. 2011년 12월, 당시 경기도지사 김문수는 남양주 119에 긴급전화를 걸었다.

"네." (당직자가 받았다.)

"도지사 김문숩니다."

"예, 소방섭니다. 말씀하세요." (도지사처럼 관등성명을 대야하는데, 이상해서 다시 한번!)

"경기도지사 김문숩니다. 여보세요?"

"..." (당직자가 '아, 도지사님이세요? 도지사님께서 직접 전화까지 주시다니, 영광입니다. 충성!' 이런 식의 반응이 나와야 하는

데, 그게 아니니 김 지사가 크게 당황했다.)

"경기도지사 김문수입니다." (속으로 자존심이 상한 김 지사가 다시 관등성명을 밝혔다.)

"예예." (이 정도의 반응을 기대한 게 아닌데, 당직자는 장난전화에 대응하듯 무미건조하게 응했다.)

"어~~? 아니, 지금 내가 도지사라는데 그게 안 들려요?" (당장 당신의 관등성명을 대라는 요구였다. 그러나 당직자 반응은 '완전' 뜻밖이었다.)

"선생님, 무슨 일 때문에 여기에 전화를 하셨는데요? 소방서 119에 지금 '긴급전화'로 하셨잖아요?"

당직자는 매뉴얼대로 응했다. 도지사란 지위는 '긴급전화 119'에 중요하지 않기 때문!

아마 이 말에 김 지사는 '내가 경기도지사 김문순데, 나를 뭘로 보고 이렇게 응대하는 거야?'라고 '격노'했을 것이다. 해당 직원은 나중에 인사 불이익 조치까지 당했다 했다. (이 문제가 언론 보도로 '심상치 않게' 돌아가자 김 지사는 급히 해당 소방서를 찾아 '화해'했고 인사 조치도 원상 복귀했다 한다. 그러나 그걸로 과거가 사라지는 건 아니다.) 이른바 김문수 도지사의 '119 갑질'! "내가 경기도지사 김문순데…"에서 '순대' 별명까지 나오게 된 경위다.

하기사 '대통령실 전화' 하나로 채상병 사망 사건 수사도 왜곡되고, (상부 지시로) 시가(時價) 수천억 원에 이르는 마약(76킬로그램) 적발 수사도 망가질 정도이니, '도지사 전화'라면 그 정도는 아니라도 최소한 '관등성명'이라도 정확히 대며 '도지사 요청'에 잘 응했으면 좋았을 터! 또, 김 지사는 2020년 8월, 한창 코로나가 창궐할 때도 지하철역에서 (노인과 함께 가던 중) 코로나 검사와 자가 격리 위반으로 일선 경찰이 보건소로 연행하려 하자 소란 도중에 "내가 김문순데…", "내가 국회의원 세 번 했어." 등의 명언을 남기기도 했다.

　흔히 한국 사회에서는 '줄을 잘 서야 한다'고 한다. 그래서인가, 비교적 줄을 잘 섰던 이승만, 박정희, 전두환, 노태우, 김영삼, 이명박, 박근혜, 윤석열은 대통령 자리까지 올랐다. 여기서 말하는 '줄'이란 미국의 후광, 성공한 군사 반란, 우익 보수의 계승, 그리고 검찰 권력의 네트워크로 요약된다. (혈연, 지연, 학연도 '줄'은 줄이다.)
　그간 김문수의 '줄 서기' 행보를 찬찬히 보면 이렇다. "이명박 대통령이 무슨… '다스(DAS)'가 누구 꺼면 어떤데", "세월호처럼 저렇게 죽음의 굿판을 벌이고 있는 자들은 물러가라!", "박근혜의 한과 저주, 이거 죄 없이 감옥가 있는 거", "좌익이 완전히 청와대를 점거해", "문재인 이거는 당장 총살감" 등, "노조 출신"인 과거의 그를 아는 사람들로서는 도무지 이해되지 않는 삶의 궤적을 꾸준히 남겼다.

게다가 만일 그에게 노동부장관 자리까지 올 줄 알았다면 평소에 그는 노동과 관련해 좀 더 구체적인 차원에서 신중하고 분별력을 가질걸, 하고 후회할지 모른다. 그간 그의 발언이나 태도는 그가 노동부장관, 아니, 보통시민의 자격이 있는지 심각한 의문을 품게 하기 때문! 일례로, "노조는 머리부터 세탁해야 한다", "쌍용차노조는 자살 특공대", "민노총은 (북한) 김정은의 기쁨조", "병원의 낮은 경쟁력은 노조 때문", "화물연대 자체가 바로 북한에서 하고 있는 것과 같아" 등의 발언이 바로 그것이다.

특히, 2022년 10월에 (윤석열 대통령에 의해) 경제사회노동위원회 위원장으로 임명된 직후 그는 "노란봉투법? 소유권 침해는 공산주의", "(고 신영복 선생을 가장 존경하는) 문재인 전 대통령은 김일성주의자" 등 극우 발언을 예사로 했다. 이 모두는 한마디로, 노조 부정 논리, 대화 불가 논리, 적대 척결 논리, 극단적 흑백 논리다. 대한민국 헌법 33조에 나오는 노동3권(단결권, 교섭권, 행동권)도 정면 부정한다. 어불성설! 그야말로 "전설적인 인물", "학생운동권의 황태자", "노조 출신", "노동운동의 대부" 출신이 이런 '위헌적' 논리와 철학을 갖게 된 경위도 심각한 의문이지만, 이런 철학을 가진 이가 민주공화국 노동부장관 후보라니 더욱 놀랍다. '이중의 미스터리'다.

이런 점들을 염두에 두고 우리가 단순히 개인-인간적 차원에서 김문수의 '변절'을 비난하고 한탄하는 정도에 머물 것이 아니라, 사회-역사적 차원에서 좀 더 적극적인 성찰을 하고자 한다면 어떤 점을 깊이 살펴야 할까? 내가 보기에 '이중의 미스테리'를 가진 김문수 노동부장관 후보는 민주진보 진영의 우리들에게 다음과 같은 생각거리를 던진다.

첫째, 과연 1970~1980년대의 노조운동 내지 노동운동은 어떤 논리와 철학 위에 어떤 방식으로 전개되었는가, 하는 문제를 비판적으로 성찰해야 한다. 1970년 11월 13일, "우리는 기계가 아니다", "근로기준법을 준수하라"고 외치며 분신 항거한 전태일 열사는 "내 죽음을 헛되이 말라"는 유언까지 남겼다. 그 유언에 응답하기 위해 수많은 양심적이고도 용감한 대학생들이 노동현장으로 달려갔다. 그러나 자본과 국가는 노동자를 인간으로 대우하기보다 기계나 그 부품 취급을 했고 장시간, 저임금, 무권리 노동을 강요하다시피 했다. 경찰, 검찰, 보안사, 치안본부, 중앙정보부(안기부, 국정원) 등은 권력과 자본의 하수인 역할을 자처하며 노조나 노동운동을 철저히 탄압했다. 여차하면 조직 사건들이 터졌고 걸핏하면 "친북 공작단" 같은 사건으로 수많은 이들이 고문과 옥살이를 당해야 했다. 그런 조건 속에서 노조나 노동운동은 '노동해방'과 '계급 철폐'는커녕 헌법상의 단결권과 교섭권, 행동권(파업, 농성 등)을 지켜내기에도 버거웠다. 그러기에 노동운동은 대체로 노조 인정이나 임금인상, 복리향상 투쟁 정도에 머물

수밖에 없었다. 실은 노조 하나 만드는 것도 '목숨'을 걸 정도였다.

법은 멀고 폭력은 가까웠다. 골방 세미나에서 이론적으로 중요시된 '노동해방'이나 '사회 혁명' 같은 것은 이런 현실 앞에 언감생심! 마침내 한국 자본주의는 고율의 착취도를 기초로 (저달러, 저유가, 저금리 등 '3저 호황' 조건과 맞물려) 1980년대 후반 이후 고도성장을 달성하는데, 바로 그런 물적 토대를 기초로 서양과 유사한 '대량생산-대량소비'의 시스템을 구축하게 된다. 이는 역으로, '노동해방'을 마음속에서나마 상상하던 모든 노동운동 세력까지 체제 속으로 통합해 낼 물적 토대였다. 노동의 생산성이 (자본과 권력을 매개로) 노동의 순치성을 드높이는 역설! 결국, "내 죽음을 헛되이 말라"던 전태일 열사의 유언은 여전히 허공에 떠돌고 있다. 따라서 우리가 어떤 사회운동을 하건, 그 내용과 방향이 얼마나 건강하고 바른 것인지에 대해 늘 깨어 있어야 한다. 특히 '자본주의'에 대해 깊이 공부해야 한다(『고병권의 자본 강의』는 그 출발점으로 좋은 텍스트다). 전태일의 유언을 180도 배신하지 않으려면!

둘째, 그토록 엄혹하던 시절에 목숨을 걸 정도의 용기와 결단으로 노동운동에 발을 담갔던 사람이 어떻게 해서 '180도 전향'을 한 뒤에 그저 (부끄러운 마음에) 개인적으로 '조용히' 사는 것도 아니고 오히려 반대편의 앞잡이가 되어 목소리를 최대한 크게 하는 식으로 변신해 갔는가, 하는 문제도 비판적으로 성찰해야 한다. 흔히 우리는 이런 문제 앞에 "그것은 당사자의 성격 문제"라고 치부하고 만다. 물론, 개인적 성향이나 성격도 있겠지만, 그보다 더 중요한 것은 개인과 사회적 조건 사이의 상호작용일 것이다. 다양한 노동운동가들에게는 저마다 다양한 철학과 논리가 있겠지만, 가장 공통된 철학 내지 구호는 '노동자의 인간다운 삶'을 추구하는 점이다. 그러나 말이 쉽지 현실은 냉혹하다. 학습하고 조직하고 투쟁하고 외치지만 자본과 국가의 체계적 폭력 앞에 지치고 또 지친다. 작은 승리의 순간도 있지만 큰 패배의 시간이 훨씬 길고 더 깊다. 그런 현실 앞에 대체로 좌절하고 절망, 포기한다. 개인적, 집단적 트라우마가 심신을 덮친다. 깊은 패배의 슬픔속에 파묻힌 노동운동가, 무너지고 일어나기를 수차례 반복(칠전팔기)하다 10년 이상 세월을 보내버린 노동운동가, 그 마음 깊은 곳에선 자기도 모르게 이상한 심리가 싹터오른다. '나도, 우리도 힘센 자가 되어야 한다. 그러기 위해서라도 일단 힘센 자 옆에 줄을 잘 서야 한다!' 이게 바로 '강자 동일시' 심리 구조다. 김영삼이 그랬으며 김지하가 그랬고 김문수가 그랬다. (사실, 그 원조는 일본군에서 광복군으로, 남로당에서 공화당으로 180도 전향한 박정희다.) 김문수는 (1990년 1월, '3당 합당'을 이끈) 김영삼을 흉내 내어 '호랑이를 잡으러 호랑이 굴(우익 보수 정당)로' 갔다가 스스로 호랑이가 된 꼴이다. 김문수는 또 (1991년 4월, 죽음을 불사한 대학생들의 투쟁을 '죽음의 굿판'이라 한) 김지하를 흉내 내어 세월호 진실 규명 투쟁을 '죽음의 굿판'이라 낙인찍었다. '강자 동일시' 심리 구조를 내면화한 자들은 강자 그룹에 줄을 서는 순간 스스로 강자로 착각한다. 그리하여 자신보다 더 강자에게는 굽실거리고 더 약자인 자들 앞에서는 스스로 강자가 된다. 이른바 '순대' 별명을 낳은 김문수의 '119 갑질' 해프닝은 그 전형이다.

이런 면에서 우리는 한편으로 '강자 동일시' 심리의 덫에 빠지지 않기 위해 개인적, 집단적 성찰을 지속해야 한다. '겸허한 연대'가 그 대안이다. 다른 편으로 우리는, 그 어떤 사회운동을 하더라도 결코 '보상 심리'나 '인정 욕망'에 사로잡혀선 안 된다. '내가 그동안 얼마나 고생했는데…' 또는 '아무도 나의 공적을 알아주지 않네…' 식의 마음이 바로 그런 심리다. 냉정히 따지고 보면 이런 심리야말로 윤석열식 '공정과 상식'이며 이것은 결국 '자본의 공정성'과 통한다. 그래서 자본가들은 '일하지 않으면 먹지도 말라'는 말을 예사로 하며, '노력과 성과에 따른 공정한 보상'을 경영합리화의 방편으로 곧잘 쓴다. 이런 면에서 우리는 "진정한 혁명가는 (진리에 대한 사랑, 정의에 대한 사랑, 사람에 대한) 사랑이라는 위대한 감정으로 인도되는 사람"(1964년 인터뷰 발언, 영화 〈체 게바라〉에서 베니시오 델 토르가 인용; Socialism and man in Cuba, 1965)이라던 체 게바라(1928~1967)의 철학을 공유할 필요가 있다. 진정으로

'사랑의 철학'을 가진 사람이라면 노력에 따른 차별적 보상을 지지하지 않을 것이며(아이의 학교 성적과 무관하게 따뜻한 밥을 챙겨주는 엄마의 마음을 생각해 보라), 아무도 자신의 헌신이나 능력을 알아주지 않는다며 서운해하지도 않을 것(선생님이 보건 안 보건 자신이 맡은 청소 구역을 깨끗이 하는 책임감 있는 학생 또는 아메리카 대륙의 모든 민중이 진정 자유롭고 평등하게 살기를 바라며 쿠바 혁명 이후 맡았던 장관직까지 버린 뒤 볼리비아 혁명에 목숨까지 바친 체 게바라)이다. 그러니 이런 사람들은 결코 '119 갑질' 따위는 상상도 못 할 것이다. '강자 동일시'에 대한 사랑의 대안은 '겸허한 연대'다.

셋째, 과연 앞으로의 민주공화국 대한민국에서 노동부 장관이란 어떤 철학으로 무슨 일을 해야 하는가, 하는 점과 관련해서도 더 깊은 성찰이 필요하다. 솔직히 말해 스스로 '공정과 상식'의 규칙을 저버린 윤석열 정부에서 새삼 노동의 철학이나 장관의 철학을 말한다는 것은 매우 어색하고 사치스럽다. 이미 윤석열은 김문수와 함께 '반노동'의 철학(정확히는, 자본주의 추상노동 비판에 기초한 반노동이 아닌, 자본주의 찬양을 위한 반노동자 철학)을 공유하고 있기에 그야말로 '코드 인사'를 한 셈이다. 유유상종!

이후 정치상황이 어떻게 흐를지 정확히 알 순 없지만, 그와 무관하게 내가 생각하는 민주공화국 대한민국의 노동부장관이라면 염두에 두어야 할 시대적 과제는 다음과 같다.

①사람의 노동 없이 우리 삶은 하루도 유지하기 어렵기에 노동자와 농민을 존중한다.

②사회 전체적으로 한편엔 실업, 다른 편엔 과로가 공존하는 현실은 엄청난 모순이기에 '모두 일하되 조금씩 일하기'를 통해 일자리를 고루 나눈다.

③모든 직장에서는 노동자 민주주의가 실현돼야 한다.

④아이들이 '개성 있는 평등화' 분위기 속에서 자라나 무슨 일을 하더라도 사회적으로 비슷한 대접을 받게 한다.

⑤노동 생산성이 오르면 정리해고를 할 것이 아니라 노동시간을 단축하여 삶의 여유를 즐기도록 만든다.

⑥노동시간 단축에도 불구하고 삶의 질 저하를 막으려면 주거, 출산, 교육, 의료, 노후 문제를 사회 공공성 차원에서 해결한다.

⑦기후위기와 생물다양성, 그리고 생명평화는 21세기 인류의 운명을 좌우할 시대적 화두다. 이는 단순히 '지구온난화' 내지 '탄소 중립' 문제에 그치지 않는다. 기후위기와 생물다양성 문제를 근본적으로 해결하기 위해 '국가 비상사태'를 선포하고 지방 농어촌부터 서울 수도권에 이르기까지, 일반 가정부터 기업과 직장, 농장, 그리고 국가기관에 이르기까지 모두 '정의로운 전환'에 나서야 한다.

⑧이 모든 과제를 제대로 수행하기 위해서라도 토지개혁, 언론개혁, 검찰개혁, 행정개혁, 조세개혁이 필수다.

만일 이런 정도의 철학 없이 그저 '노조 순치' 내지 '노동 약자 보호' 정도로 노동부장관 내지 국정 수행을 하려 한다면, 그것은 시대정신에 대한 배신이다. 또다시 "내가 노동부장관 ○○○인데…"라는 어록이 나올지 모른다. 나아가 이런 성찰은 비단 윤석열 정부나 (보수) 국민의힘 정당에만 해당하지 않는다. 차후에 들어설 그 어떤 정당(민주당, 조국당, 진보당, 노동당, 녹색당, 여성의당 등) 역시 이런 비판적 성찰을 염두에 두지 않으면 그야말로 '용두사미' 내지 '태산명동 서일필'로 끝나고 말 것이다.

바로 여기서 갑자기 떠오르는 기억이 있다. 1996년 3월, 내가 고려대 노동대학원에 '노사관계론' 강의를 하러 갔는데, 노동운동 출신의 두 거물, 김문수(1951~)와 노회찬(1956~2018)이 수강생 명부에 있었다. 속으로 놀라면서도 개강 첫날의 만남에 약간 설렜다. 소련과 동유럽 공산권 국가가 붕괴될 무렵, 독일에서 박사 공부(1989~1994)를 하고 돌아온 '먹물'인 내가 노동운동의 거물급들을 대학원 학생으로 만나다니, 살짝 흥분됐다. 그러나 그날 모두 '의외로' 조용했고, 두 분끼리도 서로 '소, 닭 보듯' 했다. 실망스럽게도, 둘 다 바쁘다는 핑계로 '첫날' 이후 일관성 있게 결석하고 말았다. 그럼에도 나는 속으로, '이미 노동 현장에서 노사관계를 몸으로 배우고 익혔으니 보고서만 잘 제출해도 졸업은 할 수 있겠지.' 했다. 고대 노동

대학원 출신이 노동장관 후보가 됐으니 과연 '잘된' 걸까?

한편, 그렇게 1980년대에 김문수처럼 노동운동 현장에서 치열하게 살았던, 그러나 정의당 국회의원(2016년~) 시절, 친구에게 비공식 후원금을 받은 '수치심' 탓에 목숨을 내버린 노회찬, 그는 윤석열 정부 노동부장관 후보 김문수에게 과연 어떤 말로 촌철살인을 할까? 글의 시작은 김문순데, 마지막엔 노회찬이 그리워지는 걸로 끝난다.

참된 민주주의로 '자본 왕국' 종식하기

〈설국열차〉(2013)라는 영화가 있다. 프랑스 만화를 봉준호 감독이 각색하고 감독한 것이다. 영화의 배경은 지구온난화가 심화되어 기후재앙이 닥친 세계다. 이른바 '과학기술 맹신주의'에 빠진 이들은 '지구 공학'으로 이런 문제도 쉽게 해결한다고 믿는데, 이 영화에서 그 진면목이 드러난다. 과학기술 맹신자들은 지구온난화를 특수한 냉각제(CW-7)를 통해 한방에 해결하려 한다. 그래서 이 냉각제를 지구 전체에 대대적으로 뿌렸는데, 지구를 적절히 식힌 게 아니라 그야말로 '냉동'시키고 말았다. 그래서 '설국' 세상이 탄생한다! 이제 사람들은 이 냉동 지구에서 더 이상 살 수 없어 탈출을 하려 한다. '설국열차'란 바로 이 마지막 생존자들을 태운 일종의 구명보트다. 이 열차는 생존자들을 태우고 지구가 다시 따뜻해져 생명체가 살만한 수준이 될 때까지 17년 넘게 지구 전체를 달리고 또 달린다.

흥미롭게도 이 설국열차의 머리칸, 중간칸, 꼬리칸은 '계급'별로 분단돼 있다. 머리칸은 최상층, 중간칸은 기술자와 지식인, (더럽고 좁은) 꼬리칸은 빈민들(무임승차자들)

이 타고 있다. 꼬리칸 사람들은 어른이건 아이건 열차의 안정적 운행에 필요한 인적, 물적 자원을 조달하는 수단일 뿐이다. 중간에는 중산층 이상 부자들이 타고 있고 고급 식사까지 제공되며 그 자녀들의 교육도 이뤄진다. 머리칸에는 최고 우두머리인 윌포드와 메이슨 총리가 자리를 잡고 열차 시스템 전반을 관리한다.

머리칸의 핵심 가치는 '영원한 엔진'이다. 이 엔진이 잘 작동해야 생존자들의 삶을 영원히 구할 수 있기 때문이다. 지배자 윌포드는 이 엔진 및 열차 시스템 전반을 효과적으로 관리하는 자기야말로 생존 인류의 구세주라 확신한다. 그래서 설국열차 시스템의 질서를 유지하기 위해 인위적인 '인구 조절' 같은 잔혹한 일도 필수라 믿는다. 또 머리칸 엔진을 원활히 작동하기 위해 꼬리칸에서 다섯 살짜리 아이(티미)를 엄마 품으로부터 빼앗기도 한다. 윌포드의 심복 프랑코는 꼬리칸 사람들을 잔인하게 탄압, 살해한다. 꼬리칸 사람들의 70% 이상을 죽여서라도 인구 균형을 잡아야 한다는 신념 때문이다.

윌포드 다음 2인자인 메이슨 총리는 아이를 빼앗겨 절규하는 앤드류에게 경고한다. "네 자리를 지켜라. 기차에서 원하는 질서를 지켜라." 자식을 빼앗긴 그는 분노해서 신발을 집어던졌는데, 가혹한 추위에 창밖으로 팔을 내미는 고문을 당해 오른팔을 잃는다. 메이슨은 그 신발을 앤드류의 머리에 올려놓고 또 말한다. "나는 머리고 당신들은 발이다. 신발을 머리에 쓸 수는 없는 노릇이지."

상황이 이쯤 되면 표층의 불만을 넘어 체제 반란의 기운이 감돌기 시작한다. 아니나 다를까, 커티스가 이끄는 빈민 반란군은 갖은 고생과 희생을 감수하며 한 칸씩 전진한다. 머리칸 엔진실을 장악해 지도자를 교체하려는 것! 그 과정에서 이들은 열차의 보안설계자인 남궁민수를 감옥에서 빼내 앞 칸으로 가는 문을 열어 달라 요구한다. 남궁민수는 문을 열 때마다 '크로놀(마약성 + 인화성 물질로 이루어진 일종의 마약)'을 두 개씩 달라고 요구한다.

이들은 결투를 벌이며 빈민의 유일한 식량인 단백질 블록 공장에 도착한다. 공장의 커다란 믹서엔 단백질 원료가 분쇄되고 있는데, 놀랍게도 '스마트'하게 배양되는 바퀴벌레다. 으악!

더 앞쪽 칸에는 휘황찬란한 수족관이 있고, 스시를 만드는 주방과 고급 식당도 있다. 중간칸과 머리칸의 파워 엘리트들은 그렇게 유복하게 산다. 세상의 불평등은 (세상을 탈출한) 설국열차 안에서도 재현되고 있었다. 중간칸 어디쯤, 아이들 교실에 도착한 커티스 반군들은 윌포드와 엔진에 대한 맹목적인 찬양 노래를 듣는다. 아이들은 찬양 노래와 함께, 질서에 대한 반항의 대가가 무엇인지 철저히 교육받으며 순종형 인간으로 세뇌당한다.

마침내 우여곡절 끝에 커티스 일행은 열차의 머리칸 엔진실에 이른다. 1인자 윌포드와 최후의 대화를 하는 가운데 커티스는 충격적인 비밀 두 가지를 알게 된다. 하나는 자신이 존경하던 꼬리칸의 성자 길리엄 역시 윌포드와 내통하는 파트너란 사실이었다. 둘째는 자신의 반란조차 열차의 인구 균형을 맞추기 위해 무력 충돌을 조장한 윌포드의 큰 그림(big picture)에 불과하다는 사실이다. 시스템 전체가 문제없이 돌아가기 위해서라도 '합법적으로' 인명을 학살할 계기가 필요했다는 얘기다. 빈민의 불만이 반란으로 발전하게 어느 정도 허용하는 것, 그 진압 과정에서 '합법적으로' 인구 조절을 꾀하는 것, 이것이 큰 그림이었다!

바로 그 '현타'의 순간, 커티스와 남궁민수는 성냥불로 '크로놀'을 터뜨려 설국열차의 옆문을 열고 탈출한다. 열차 폭발과 동시에 열차가 탈선하고 어마무시한 산사태가 나며 대파국이 닥친다. 여기서 남궁민수의 딸 요나와 엔진실 부품처럼 일하던 티미는 다행히 살아남는다. 커티스와 남궁민수가 (마치 권정생 선생의 '엄마 까투리'처럼) 요나와 티미를 끌어안아 보호한 뒤 산화했기 때문! 마치 '차세대' 인류를 이어나갈 상징처럼! 그리고 저 높은 곳 빙산 뒤로 북극곰이 올라가는 장면과 함께 영화는 끝난다.

이 영화는 지구온난화와 기후위기로 인한 인류의 재앙을 상징하기도 하지만, 구명보트 격인 설국열차 안에서도 상중하 계급 구조가 그대로 재현될 수 있음을 경고하기도 한다. 그리고 하층의 불만이 쌓이고 쌓이면 마침내 민초들의 반란이 일어나 상층부를 갈아치울 수 있다는 역사적 사실까지 상기한다. 열차는 수평으로 달리지만 열차를 사회 시스템의 상징으로 본다면 사실상 수직 구조를 의미한다. 결국, 기층 민중이 반란을 일으켜 새로운 지배자가 된다 하더라도 그 시스템의 원리 자체(중상층이 누리는 기득권은 하층의 희생을 담보로 한 것이라는 점)를 근본적으로 바꾸지 못하면 또다시 원점 회귀한다는 교훈을 준다.

그러나 이 영화의 백미는 열차의 머리칸과 꼬리칸의 거물들이 서로 긴밀히 소통하며 시스템 전반의 균형과 질서를 유지하고 있었다는 점이다. 설국열차 시스템이 아무리 차별적이고 억압적이며 착취적이라 할지라도 근본 원리를 문제 삼지 않은 채, 그저 주어진 시스템의 균형과 조화, 질서와 안정만 추구했다는 얘기다. 특히, 머리칸과 꼬리칸이 은밀히 소통하면서 말이다.

흥미롭게도 우리는 이와 상당히 유사한 장면을 목격한 바 있다. 2016년 가을부터 '박근혜-최순실 국정농단' 사태로 전국을 달구는 촛불항쟁이 있었고 마침내 2017년 3월, 박근혜가 탄핵되었고 이어 구속되었다. 그 이유는 뇌물수수, 직권남용, 공무비밀 누설 등 13개 혐의였다. 당시에 그 수사를 담당했던 특별검사가 바로 박영수, 윤석열, 한동훈 등 특수부(정경유착이나 거물급 비리 담당) 출신 검사들이었다.

수년간 재판 끝에 박근혜는 2021년 1월 국정농단과 국가정보원 특수활동비 상납 등(특정범죄 가중처벌법상 뇌물 등) 혐의로 대법원에서 징역 20년과 벌금 180억원, 추징금 35억 원을 확정 받았다. 이에 앞서 2018년 11월엔 새누리당(국민의힘 전신) 공천 과정에 불법 개입한 혐의로 징역 2년이 확정된 상태였다.

　따라서 징역 22년과 벌금 약 200억 원 등이 박근혜의 죗값이었는데, (옥살이 불과 4년 9개월 뒤) 2021년 12월, 박근혜는 특별사면, 복권되었다. 돈도 돈이지만, 17년 이상의 '자유'를 특별 선물한 셈!

　당시 사면을 결단한 문재인 대통령(당시 총리는 이낙연)은 "국민 통합"과 "건강 악화"를 고려했다 한다. 실은 이것도 매우 이상한 일이지만, 더욱 이상한 것은 2024년 4·10 총선을 앞둔 2024년 3월 26일, 한동훈 국민의힘 비상대책위원장이 대구에 사는 박근혜를 직접 방문하고 면담을 한 사실이다. 한동훈은 2018년 2월 국정농단 사건 1심 결심 공판 당시 검사였는데, "대통령의 직무권한을 사유화함으로써 국정을 농단하고 헌법가치를 훼손했다"며 박근혜에게 징역 30년을 구형한 당사자다. 그랬던 과거의 검사가 오늘 여당 우두머리 자격으로 과거의 지배자이자 범죄자를 만나 "국정 전반과 현안들, 그리고 살아오신 얘기 등 여러 가지에 대해 굉장히 좋은 말씀을 들을" 정도로 화기애애한 소통을 했다.

물론, 복잡한 정치적 계산들이 깔려 있겠지만, 어째 매우 이상하지 않은가? 머리칸의 윌포드와 꼬리칸 길리엄의 관계를 박근혜와 한동훈(또는 한동훈과 박근혜)의 관계에 그대로 포갤 순 없지만, 지배자에 대한 반역이라는 관점에서 두 당사자 간의 절묘한 소통이 기괴하게 느껴진다. '설국열차'에서 머리와 꼬리의 은밀한 소통이 결국 (불평등과 지배, 착취를 특징으로 하는) 시스템 전반을 교묘히 관리하기 위한 것이었다는 점에서 보더라도 한동훈과 박근혜의 소통은 매우 상징적이다. 그것은 현재 우리들 역시 불평등과 지배, 착취를 특징으로 하는 시스템에 갇혀 있기 때문이다. 이른바 '검찰공화국'은 사실상 '검찰왕국'에 가까워졌으며, 이는 결국 '자본왕국'의 하위 체제일 뿐이다. 만일 우리가 다가오는 선거(들)에 진취적인 의미를 부여한다면, 그것은 검찰왕국 내지 자본왕국을 종식하고 민주주의를 바로 세울 수 있는 '대중적' 수단이란 점일 것이다.

그러나 여기서 유의할 점이 있다. 각종 선거가 아무리 '민주적'으로 이뤄지더라도 그리하여 정치행정의 겉모양이 권위주의에서 자유주의, 복지주의, 환경주의 등으로 얼굴을 바꾼다 하더라도 그 아래쪽의 근본 체제는 여전히 자본주의(자본의 왕국)라는 점이다. 따라서 이 기저의 원리, 착취와 억압, 타자의 희생을 전제로 잘살기를 추구하는 게임 자체를 바꾸지 않으면 권위주의적 '검찰왕국'을 자유주의적 '민주왕국'으로 바꾼들, 우리는 또다시 배신을 맛보게 된다. 그 역시 여전히 '자본왕국'이기 때문이다. 이미 우리가 여러 차례 반복 경험하지 않았던가? 이제는 달라야 한다. 일단 '쓰레기' 청소를 먼저 하고, 다음엔 이런 논의들을 왕성하게 벌이면서 완전히 새로운 삶에 대한 상상력을 맘껏 펼쳐보자.

요컨대, 여태 우리는 자본주의의 권위주의적 형태를 수차례 경험했다. 그리고 간간이 자본주의의 자유주의적 형태도 맛보았다. 그 사이에 자본주의의 복지주의적 형태나 환경주의적 형태까지 조금씩 맛보았다. 그러나 여전히 자본주의가 우리네 삶을 장악하고 있다. 이걸 놓치면 안 된다. 기저의 자본주의를 민본주의로, 생명주의로 바꾸지 않으면 또다시 '말짱 도루묵'이 되고 만다. 민본주의와 생명주의를 바탕으로 해야 참된 민주주의다.

'설국열차'는 지구온난화와 기후위기를 배경으로 하지만, 열차 시스템 전반은 민주주의 (부재) 문제를 제기하고 있다. 만일 우리가 민주주의, 즉 '민초들이 스스로 통치하는 시스템'을 만든다면 굳이 1년에 600조 원 이상의 혈세를 내며 대통령부터 장관들, 국회의원들, 판검사들, 시장이나 군수들, 지방의원들을 다 먹여 살리느라 (게다가 영수증도 필요 없는, 수천억 원의 특별활동비까지 갖다 바치느라) 피, 땀, 눈물을 흘릴 필요가 없지 않을까? 그들이 진정 풀뿌리 민초들의 '심부름꾼'들이라면 그 많은 봉급도 필요 없고 그 많은 숫자도 필요 없지 않을까? 만일 우리가 마을마다 (인도의 마하트마 간디가 말한) '마을공화국'의 주인공들로 재탄생한다면, 그리하여 정치경제, 사회문화, 교육종교, 언론교통 등 우리네 삶의 문제 전반에 대해 우리 스스로 결정을 내릴 수 있다면 더 이상 "파 한 단에 875원" 같은 코미디를 벌이지 않아도 될 게 아닌가? 만일 우리가 지배 엘리트들을 위해 혈세를 내는 '봉'이 되기를 즉각 중단한다면 "마피아도 여성이나 아이들은 건드리지 않는다"는 김건희를 엄호하는 "개쓰레기 같은" 방구 소리를 더 이상 듣지 않아도 되지 않을까?

그래서다. 바로 이런 토론을 제대로 하기 위해서라도 항상 정신을 바짝 차리고 투표하자. 그리하여 권력·재물 중독자들과 부정부패한 자들을 사그리 청소하고 그 이후엔 싱그러운 민주주의의 꽃향기를 음미하면서 보다 근본적인 문제들을 논하기 시작하자.

어차피 우리네 현실은 한계가 많은 (거대 양당 중심의) 선거판이다. 일단 한마음 한뜻으로 "개쓰레기 같은" 방구소리 충만한 자들을 제거한 뒤에 '선거 정치'가 가진 한계를 넘어 완전히 새로운 세상을 열어 나가자. 이는 '설국열차'에서처럼 또다시 '지배자의 교체'만으로 끝나지 않도록 하기 위해, 즉 또다시 '선거의 배신'이라는 쓴맛을 보지 않기 위한 필수조건이다. 이것만이 검찰왕국과 자본왕국으로부터 진정 자유로워지는 길이다. 그것만이 설국열차의 마지막 같은 파국을 예방할, 슬기로운 길이다.

(단순한 권력자 교체에 만족하지 않고) 그런 근본적 토론과 모색이 진지하게 이뤄진다면, 설사 설국열차의 마지막 같은 파국이 실제 닥친다 하더라도, 요나와 티미 같은 차세대 아이들이 꽤 많이 살아남아 다음 세상을 완전 '다르게' 이어나갈 수 있지 않겠는가? 그래서 이번 선거가 끝나자마자 바로 이런 진지한 질문이 필요하다. 과연 우리는 "내 자리만 지킬 것"인가, "머리칸을 정복할 것"인가, 아니면 과감하게 "옆문을 열고 나갈 것"인가?

남태령 대첩, 농민-노동-시민 연대
: 농민 강광석의 28시간과 마음의 연결

전남 강진의 농민 강광석은 트랙터를 몰고 여러 날을 달리고 달려 '남태령 대첩'(2024년 12월 21일)에 참여했다. 전국농민회총연맹 전봉준 투쟁단의 상경 투쟁이었다. (그 뒤 2차 투쟁은 2025년 3월 25~26일에도 이뤄졌다.) 감동적인 남태령 대첩은 농민과 시민의 연대로 경찰 저지선을 뚫고 한남동 관저 앞까지 진출한 쾌거였다. 그 뒤 농민은 '28시간의 남태령'이란 글을 남겨 많은 사람들에게 감동을 주었다.

전라도와 경상도에서 거의 동시에 출발해 충청도와 경기도를 거쳐 남태령에 도착한 농민들, 이들은 앞에서는 "가자 서울로, 윤석열 체포하고 농민헌법 쟁취하자"고 외쳤고, 뒤에서는 누군가 "혹시 경찰이 막으면 남태령일 거야"라고 했다. 트랙터는 총 37대였다.

농민 강 씨는 2024년 12월, 앞 트랙터를 따라가는 게 아니라 오히려 뒷 트랙터에 밀려가는 것 같이 느꼈다. 꼬리에 꼬리를 물고 서울로 향하는 길은 마치 녹두장군 전봉준이 1894~1895년 공주 우금치 마루로 달려가던 분위기였다. 중간에 대열이 잠깐 쉴 때는 서로가 생밤 몇 개를 나누어 먹어가며 허기를 달랬다. 함께하니 배가 좀 고파도 힘이 났다. 트랙터 속도가 느려졌을 때 그는 '마침내 경찰이 막는다'고 생각했다. 그게 과천에서 사당으로 넘어가는 남태령 고개였다. 바로 그 남태령 옆에는 이번 비상계엄에도 참여한 수도방위사령부 같은 주요 기관이 자리하고 있다.

몇몇 시민들은 스케치북에 '멋져요, 파이팅'이라 적어 보여주며 농민들을 응원했다. 지나는 길마다 사람들이 사진을 찍었는데 농민 강 씨는 "그때마다 약간 결연한 표정을 지어 보이려 애썼다." 달리는 자동차 안에서 손을 흔드는 사람이나 박수 치는 사람이 보였지만, 반대로 차 안에서 손가락 욕을 하는 이들도 있었다. 같은 나라에 살면서도 정반대로 느끼고 생각하는 사람들이 제법 많다는 것은 가슴에 균열을 내는 일이기도 했다.

경찰이 막아서 더 이상 진출이 쉽지 않은 상황에서 "성질 급한 트랙터" 한 대가 중앙 분리대를 넘어 반대차선으로 뛰어들었다. 이에 용기를 얻은 다른 트랙터도 세 대가 연이어 경찰 저지선을 돌파했다. 경찰이 당황하는 사이, 이미 네 대는 현장을 벗어나 동작대교와 반포대교로 진출했다. 그들은 막힌 자리에 트랙터를 놓고 돌아와서는, "대열을 이탈하니 경찰도 막지 않고 갈 데가 딱히 없어서 너무 힘들었다"고 했다.

그러나 다른 트랙터들은 더 이상 진전이 불가했다. 남태령 양방향이 완전 차단되었다. 첩첩산중이며 고립무원에다 진퇴양난이며 속수무책이었다. 강 씨는 남태령에서 "바로 여기가 시위 대열이 살거나 죽을 자리"라 느꼈다.

그는 그곳이 1980년에 노태우가 사단장으로 있던 곳이란 사실, 이번 쿠데타에서는 지하 벙커에 잡아온 정치인을 가두려 했다는 사실에 적잖이 놀랐지만 겁먹지 않았다. 오히려 이를 악물었다. 해는 뉘엿뉘엿 지려 했고 배는 많이 고파왔다. 빵과 떡이 돌았으나 금세 바닥났다. 인근 상점은 없었다. 강 씨가 탄 트랙터엔 히터가 없었다. '아, 여기서도 춥고 배고픔에는 계급이 있구나'라고 느끼는 순간이었다.

당일 저녁 7시쯤 경찰 10개 중대가 견인차, 지게차를 앞세우고 진압하러 온다고 했다. 그래서 강 씨는 그냥 끌려갈 수만은 없어서 꾀를 냈다. 원래 트랙터를 견인하려면 기어를 빼야 하는데, 그러지 않고 기어를 넣은 상태에서 열쇠를 빼버리면 그들은 바퀴가 구르지 않는 트랙터를 사지를 묶어 끌고 가야 한다. 그러면 클러치박스와 미션이 다 망가질 위험이 있지만, 그렇게라도 버텨야 오래 저항할 수 있다고 생각했다. 그래서 각자가 트랙터에서 시동을 끄고 열쇠를 주머니에 넣어 버렸다.

그 상태에서 회의가 열렸는데, 지휘부는 '진(進)의 길은 없고 퇴(退)의 길은 열려 있다'고 했다. 척화파와 주화파의 논쟁처럼 들렸다. 일부 간부들이 명분과 현실 앞에서 흔들렸다. 오히려 간부가 아닌 사람들이, 평소에 조용한 사람들이, 간만에 참석한 사람들이 목소리를 냈다. "아따 눈들이 많은디, 여기서 우리가 빠지면 쓰겠는가, 쪽팔리게…" 그것은 명분도 실리도 아닌, 체면과 양심이었다. 죽이 되든 밥이 되든 버티기로 결정했다. 명분과 실리의 이분법을 넘어선 '제3의길'이었다!

그렇게 비폭력 저항을 하는 가운데, 시민들이 보내준 따뜻한 떡볶이가 전달됐다. 이어서 김밥도 왔다. 있을 때 먹어 두어야 한다며 또 먹었다. 그리고 추운 날씨에 몸을 데우라고 핫팩이 왔다. 1980년 5·18의 '주먹밥'이 2024년 12·3의 '선결제'로, 그리고 12·21의 '핫팩'으로 이어졌다.

저녁 8시가 지나자 광화문에 있는 시민들이 농민들을 구하고자 달려올 수도 있다는 말이 돌았다. 9시가 되자 트랙터 옆에 삼삼오오 사람이 보이더니, 점점 사람이 많아져서 앞 사람은 앉으라느니, 더 큰 앰프를 행사장에 가져온다느니 하는 말이 들렸다. 노래가 나오고, 사람들이 미치고, 노래는 더 커지고, 저녁 10시가 되자 대열은 눈덩이처럼 커졌다. 기적이 일어나는 순간이었다.

사람들이 수백에서 수천이 넘어 1만 명이 될지도 모를 정도였다. "꾸역꾸역 느릿느릿 무장무장 밀물이 뭍을 압박하듯 밀려들었다." 밤 10시가 넘자 사회자가 격앙된 목소리로 물었다. "이제 곧 지하철이 끊기면 이곳은 올 수도 없고 나갈 수 없는 곳이 됩니다. 어찌합니까?" 그 말에 어떤 사람이 마이크를 잡았다. "멀리서 오신 분들이 여기서 이 고생을 하는데 혼자 있게 해서야 되겠습니까?" 진정한 연대의 마음이었다. 박수가 터져 나왔고 그렇게 밤샘 농성이 만장일치로 결정되었다.

이때부터 형형색색 응원봉이 바다를 이루었다. 바다 빛은 서로 다르면서 하나였다. 네모, 동그라미, 세모였고 파란빛, 빨간빛, 노란빛이었다. 손잡이 길이도 짧은 것과 긴 것, 가격도 3만 원짜리부터 10만 원짜리까지 다양했다. 젊은 여성들이 대다수였는데 모르는 노래가 없었고 지칠 줄 몰랐고 준비성도 좋았다. 모자와 마스크, 목도리와 방한 숄더, 돗자리와 장갑, 작고 얇은 이불로 몸을 감싸고 밤을 지샜다. 농민 강 씨가 난생처음 경험한, 농민과 시민의 연대! 2016년 촛불혁명이 2024년 '빛의 혁명'으로 승화한 셈이다.

강씨는 젊은 여성들의 노래를 유심히 들었는데, 그 일부만 적어도 〈티어스〉와 〈밤이면 밤마다〉, 〈여행을 떠나요〉, 〈남행열차〉, 〈질풍노도〉, 〈다시 만난 세계〉와 로제의 〈아파트〉와 윤수일의 〈아파트〉와 BTS 노래 등이었다 했다. 김연자의 〈아모르파티〉도 불렀는데 기가 막힌 것은 노래를 부르면서 구호를 외치는 장면이었다. 가사와 가사 사이, 시로 말하면 1연과 2연 사이에 불과 1, 2초 간격에 "탄핵 탄핵 윤석열 탄핵"과 "차 빼라, 차 빼라"를 떼창했는데, "원래 그 노래에 그 가사가 생겨먹은 것처럼 자연스러웠다"고 했다. 감동과 감격의 순간들이었다.

집회 사회자라기보다 DJ 같았던 주관자는 노래마다 타이밍을 기가 막히게 찾아내 떼창을 유도했다. 그들은 밤새웠고 그것을 보는 농민들은 입을 다물지 못했다. 계속 보고 싶어서 트랙터 안쪽으로 들어가지도 못했다. 이것은 "1개의 나락이 160개의 알곡이 되는 일보다 놀라울" 정도였다. 그들은 노래하며 춤추고 말하고 한숨 쉬고 야유하고 환호했다. '내란 세력을 처단하자'고 결의했고 '울지 마'라며 서로 위로했다. 눈물 없인 보기 힘든 장면들이었다.

그들은 순서대로 발언대에 올라 3분간 말했는데 그러기 위해 세 시간을 기다리기도 했다. 발언에 나선 이들은 각양각색이었다. 수학을 가르치는 학원강사, 초등학교 교사, 농업을 공부하는 대학원생, 광주에 사는 롯데 자이언트 팬, 전라도 혐오 때문에 괴로운 대학생, 이번에 수능을 본 재수생, 자신이 농업지대에 산다는 학생, 부산에서 주말마다 올라온다는 24살 여성, 수방사에서 군인으로 근무한 아버지를 둔 직장인, 아들을 군대에 보낸 여성, 대학을 가기 위해 뒤늦게 수능준비를 한다는 30대 여성, 취직이 걱정인 4학년 여학생, 대학 총학생회 활동을 하는 성소수자 남성, 이태원 참사에서 희생당한 친구를 둔 여성, 양평에서 아버지가 농사짓는다는 직장인을 따라온 양평에서 혼자 농사짓는 여성, 농민운동가 아버지를 그리워하며 연단에 선 고 신용범의 딸 신우리, 집회장의 '천연기념물'이 되었다는 20대 남성, 특성화고를 졸업하고 노조운동을 한다는 21살 여성 등이 앞에 나와서 말했다. 그들의 '말잔치'는 끝이 없었고 뜨거운 박수가 "겨울 공기를 뚫었다".

농민의 고통을 이해한다고, 양곡법을 거부한 것에 분노한다고, 국산 쌀밥 먹는 경찰은 부끄럽지 않냐고, 국민의힘의 콘크리트 지지율은 이제 깨진다고, 민주주의는 광장에 있다고, 정치를 바꾸어야 한다고, 전봉준 티셔츠를 입고 다니겠다고 말했는데, 집회마다 큰소리로 현 시국을 개탄하는 민주단체 지도자들보다 남태령 시민들이 말을 더 잘했다. 그들은 하나같이 핸드폰으로 자신들이 할 말을 적어 왔는데 발언의 마무리를 구호로 하는 것은 일종의 유행처럼 되었다. "나라는 2030 여성을 버렸지만 2030 여성은 나라를 구하기 위해 이 자리에 나왔습니다"는 말을 듣고 강 씨는 갑자기 이 "나라가 부끄러워졌고" 동시에 "나라의 미래를 보았다"고 했다.

특히 강 씨는 12월 22일 일요일 새벽 4시를 잊을 수 없다고 했다. 민중가수 최도은은 활화산이었고 불화살이었다. 최도은은 음악도 없이 예의 〈불나비〉를 불렀는데 그 이전엔 그런 날것 같은 포효를 본 적이 없었다. 맥박도 핏줄도 터지는 것 같았다. 그들은 〈임을 위한 행진곡〉과 〈농민가〉를 떼창했다. 삼천만 잠들었을 때 몇 사람 깨워서 서울로 향했던 우리는 그들이 부르는 진리와 죽은 자가 갔던 길과 밝은 태양처럼 솟아오르는 산자의 길을 생각했다. 우금치에서 죽은 자의 몸 위에 포개진 산 자의 몸과 80년 5월 27일 전남 도청에서 동호(『소년이 온다』의 중심인물)의 마지막 밤을 생각하며 강 씨와 동지들은 함께 울었다.

그 순간 강 씨는 연민과 분노를 함께 느꼈다. 여성, 성소수자, 이주노동자, 장애인, 농민, 특성화고 출신 비정규직 노동자의 고통을 직시하려는 마음, 타인의 배고픔과 추위를 외면하지 않는 마음, 차별과 배제의 고통에 함께하려는 마음이 인간의 마음이며 사람 사는 마을에 피어나는 꽃이라 생각했다. 이것이 마음의 정치, 풀뿌리 정치, 삶의 정치, 감동의 정치다. 이런 생동하는 마음들이 거세된 국가주의 정치는 사실상 민중을 지배의 대상으로 삼는 정치에 불과하다.

그래서 강 씨는 "인간이고자 하는 이 사람들을 배불리 먹이기 위해 더 열심히 농사짓겠다"고 다짐했다. 바로 이런 마음이 진정한 연대 정신이다. 서로가 서로에게 힘이 되고 밥이 되겠다는 마음, 이보다 더 아름다운 것이 있는가?

강 씨는 이렇게 말한다. "나는 그들의 얼굴에서 세월호 아이들을 보았다. 세월호 아이들이 그 자리에 왔다고 굳게 믿었다. 죽은 자가 산 자의 길을 열었다고 믿었다. 하늘의 별이 된 그들의 영혼이, 배에 남긴 마지막 손톱자국이,

그들의 호주머니에 있던 핸드폰이 지상에 내려와 응원봉이 되었다고 생각했다."

그리고 강 씨는 "세월호 이전의 세상과 이후의 세상은 달라야 한다는 다짐들이 저들의 가슴속에서 분노의 꽃을 피웠다고 생각했다. 찬 바다에서 죽은 사람도 있는데 이깟 겨울 하룻밤이 무슨 대수냐며, 그들은 인류의 역사는 잔인하기 짝이 없는 인간과 아름답기 그지없는 인간의 투쟁이라는 사실을 몸으로 보여주었다"고 눈물의 고백을 했다.

그리하여 강 씨는, "나는 12월 22일 일요일 새벽 4시 남태령에서 여명을 보았고 승리를 확신했고 세월호의 부활을 보았다. 그 후로부터는 경찰벽을 넘는 것도, 한강을 넘은 것도, 윤석열 자리의 턱밑까지 압박한 것도 이미 되어질 길이었다"고 확신했다. 그래서 2025년 3월 25일 2차 투쟁은 더욱 홀가분했다.

그리하여, 농민 강광석은 "체면과 양심이 대열을 분산의 길에서 구했고, 연민과 분노가 트랙터의 길을 열었다"라며 "불량한 자들의 시대가 가고 인간이고 싶은 이들의 시대가 열리고 있음을 직감했다"고 털어놓았다. 젊은 친구들이, 서울 시민들이 농민과 남태령 연대를 이루는 방법은 "형식의 가벼움" 속에서도 "내용의 무거움"을 담아내는 창의적 방식이었다. 그리하여 마침내 강 씨는 결심한다. "나는 저들을 배불리 먹이기 위해 농사를 더 열심히 짓고 싶어졌다"는 다짐이다.

　남태령 대첩과 남태령 연대도 감동이지만, 전라도 강진에서 트랙터를 몰고 서울로 진격한 농민 강광석의 '28시간의 남태령'이란 글 역시 감동이다. 그의 깊은 마음이 우리를 다시 울린다. 전국에서 떨쳐 일어난 수백만의 강광석, 수백만의 '장갑차맨'이 그리고 이들과 연대한 2030 여성들 및 수많은 깨시민들이 민주주의를 지켜냈다. 이렇게 농민-시민-노동자의 인간적 연대야말로 민주주의의 희망이다. 특히 2030 여성들은 앞으로도 큰 역할을 하리라 본다. 일례로, 이들은 응원봉 집회나 남태령 대첩에서만이 아니라 전태일 의료센터와의 연대에서도 놀라운 모습을 보였다. 지금까지 총 27,000여 후원자 중 약 60% 이상이 2024년 12월 이후에 결합했다. 한 역사학자는 이를 두고 "130년 전 전봉준 정신이 오늘날 전태일 정신의 부활로 이어지는 듯하다"고 했다.

　이런 물심양면의 연대, 아래로부터의 연대, 풀뿌리 민초들의 연대가 활기차게 이뤄질 때가 아마도 '우리 사회가 가장 예쁠 때'일 것이다.

에필로그
야단법석(野壇法席)으로 생태민주주의를!

내가 2022년 3월에 경남 하동으로 처음 이사를 왔을 때다. 얼마 지나지 않아 마을에서 70대 농사꾼 형님 한 분과 약간 친해지기 시작했다.

그분이 어느 날 내게 대뜸 이렇게 말했다. "강 교수, 큰 일 났어요."

내가 놀라 여쭸다. "뭐가요?"

그분이 말했다. "지금 대한민국은 빨갱이들한테 죄다 장악돼 버렸다니까."

그 말에 내가 어디서부터 말을 꺼내야 할지 몰라 이렇게만 대답하고 말았다. "그런가요?"

더 이상의 논쟁을 해봤자 괜히 관계만 나빠질 것이고 이상한 소문만 날 것 같았다.

그러고선 몇 달이 흘렀다. 그 형님이 카톡으로 동영상을 보내왔는데, 열어 보니 이른바 '태극기부대'가 잘 공유하는 내용이었다. 건국 대통령 이승만이 훌륭한 국부이며, 북한 공산 집단을 하루빨리 척결해야 우리나라가 잘 산다는 내용으로 보였다. 잠시 보다가 꺼버렸다. 그러고선 이렇게 답했다. "형님, 이런 내용은 제게 많이 불편합니다."

그 이후 그 형님과 '정치적' 대화는 더 이상 하지 않는다. 어쩌다 마을이나 농로 같은 데서 만나면 인간적 인사만 하고 지낸다.

비교적 최근에 누군가 이렇게 말했다. "빨갱이란 마음이 따뜻한 사람"이라고. 그렇다! 좌파 내지 빨갱이는 평등한 공동체, 더불어 사는 삶을 추구한다. 반면, 우파 내지 꼴보수는 돈과 권력을 중시하며 자본주의적 경제성장만 중시한다.

현실적으로 '빨갱이'란 말은 물질적 이익에만 눈이 어두운 우파 내지 꼴보수들이 그들의 이해관계에 반하는 이들을 척결(뼈와 살을 발라 냄)하기 위해, 즉 낙인 찍어 배제하려는 무기로서 사용하는 아주 고약한 단어다. (서양에서도 '매카시즘' 같은 유사한 일이 있긴 했지만) 한반도에서 세종대왕 이후 아름다운 우리말이 오염된 풍경 중 가장 고약한 사례가 곧 '빨갱이'일 것이다.

역사적으로, 봉건 지주들은 민주화 내지 토지개혁과 함께 그 넓은 농지를 빼앗기고 '피란'의 길에 나섰다. 그들은 자기 재산을 '빨갱이'들에게 빼앗겼다는 원한에 사무쳐 서북청년단 같은 극우 조직을 만들어 폭력으로 세상을 주무르려 했다. 그래서 자기들과 생각이나 이권을 공유하지 않는 집단들에 대해 극도로 배타적으로 살아간다.

윤석열 정권에서는 윤석열과 국힘당이 '빨간색'을 자기들 색으로 전유하는 바람에 오히려 그들이 빨간색과 태극기를 독점하려 했다. 그러면서 반대자들을 '종북 반국가 세력'이라는 새로운 용어로 포획하고자 했다. 반면, 민주당은 '빨갱이' 낙인이 두려워 오히려 '파란색'을 자기들 색으로 들고 나왔다.

여기서 굳이 색깔 논쟁을 하려는 것은 아니다. 오히려 태극 문양이 빨강과 파랑으로 이뤄지듯 두 색깔, 아니 다양한 무지개 색깔들이 조화와 균형을 이루는 것이 바람직하다. 마치 '새는 좌우의 날개로 난다'는 말처럼.

만일 좌우가 원래의 자기자리를 제대로 찾는다면 서로가 서로에게 힘이 될 것이다. 일례로, 우익은 (국기에 대한 맹세나 애국가 가사처럼) 국토와 민족, 공동체를 사랑하고 잘 보존하면서 경제발전을 추구하는 게 마땅하다. 좌익은 차별과 격차를 시정해 고른 분배를 추구할 뿐 아니라 사회 정의 및 생태 정의의 관점에서 온갖 문제들과 모순의 해결에 앞장서려 한다. 이 두 경향이 원래의 뜻처럼 잘 결합한다면 그야말로 좋은 나라, 행복한 나라를 만드는 건 시간문제일 뿐이다.

참고로, 극좌나 극우는 모두 상대방을 폭력으로 제거하려 하기에 금지·처벌함이 옳다. 설사 그게 성공해도 '피가 피를 부르는' 증오·복수 사회를 낳기에 처음부터 막아야 한다. 한편, '기계적 중립' 또한 위험하다. '전쟁이냐, 평화냐'에선 평화를 선택해야 하는데, 무조건 중립을 취하면 결국은 전쟁의 편에 가담하는 꼴이 되기 때문! '나부터 정치혁명'은 가치중립이 아닌 가치 지향성이 있다. 그것은 경제가치, 사회가치, 생명가치의 균형과 조화를 추구한다. 따라서 우리 주변과 세상이 어떻게 돌아가는지, '정치적 감수성' 및 '생태적 감수성'을 연마해야 한다.

그러나 이게 말이 쉽지 현실이 금세 그렇게 되는 건 아니다. 그 핵심 이유는 정치경제적 기득권(이해관계) 때문이다. 민본(民本) 아닌 자본(資本)이 세상을 지배하려 하기 때문이다. 또, 민본(民本)조차 인간 중심주의에 갇히면 인간 삶의 토대인 자연 생태계를 스스로 망친다.

그리하여 좌우를 막론, 기득권에 중독되면 타락하고 부패한다. 심하면 좌우 이념 대결의 결과 전쟁(내전)이 터지기도 한다. 피는 피를 부르고 복수심과 증오심을 확산한다. 끝없는 긴장과 갈등이 사회를 좀먹고 행복을 불가능하게 만든다. 그 과정에서 이득을 보는 것은 자본(資本)과 권력(權力)이고 민초와 자연은 무참히 짓밟힌다.

자본과 권력은 암세포처럼 번식한다. 흥미롭게도 암세포는 숙주를 계속 갉아먹으면서 성장을 거듭하는데, 만일 숙주 자체가 더 이상 생존하지 못하면 암세포 역시 더 이상 생존할 수 없다. 자본과 권력의 생리가 바로 그렇다. 그 끝은 결국 공멸이다.

그래서 나는 자본주의 아닌 민본주의를, 그것도 인간 중심의 민본주의가 아닌 생태계 전반을 돌보는 민본주의를 주창한다. 이를 나는 '생태민주주의'라 부른다. 사람과 사람, 사람과 자연이 조화와 균형을 이루도록 서로 세심히 보살피며 살아가자는 얘기다. 이것이 우리의 미래요, 후손들의 미래다. 그렇게 가는 것이 우리의 사회적, 역사적 책임을 다하는 길이다. 따라서 우리가 소통하고 연대하면서 함께 사회적, 역사적 책임을 다하는 것이 곧 사회적 치유의 길이다.

대하소설 『토지』를 쓴 박경리 작가(1926~2008)와 거의 같은 시기를 산 이바라기 노리코(1926~2006)라는 일본 시인이 있다. 그런데 이분이 1975년에 일본의 쇼와 천황(1901~1989)의 인터뷰를 보고 충격을 받아 시를 썼다. 쇼와 천황은 만주사변, 중일전쟁, 태평양전쟁에 책임이 큰 최고지휘관(전범)이었다. 쇼와 천황이 2차 세계대전 후 30년 만에 미국을 방문했다가 귀국하는 길에 공항에서 기자들이 물었다. "전쟁 책임에 대해 어떤 생각을 하는가?"라는 질문에 천황은, "그런 언어적 수사(기교)에 대해선, 내가 문학 방면에 관해 제대로 연구한 바가 없어 대답하기 어렵다"라 말했다.

이것은 전쟁에 대한 천황의 '사회적 책임'을 회피하려던 것이었다. 독일의 나치처럼 아시아-태평양에서만도 수백만 명 희생자를 낸 전범이 아무 생각도, 아무 책임감도 없음을 확인한 것은 시인에게 상당한 충격이었다. 이에 시인 이바라기 노리코가 「사해파정(四海波静)」이란 시를 썼다. 원래 사해파정이란 바다의 모든 파도가 진정되어 매우 평화로운 상태다.

　"전쟁책임에 대해 묻자/ 그 사람은 말했다/ 그런 언어의 기교에 대해/ 문학적 방면은 별로 연구하지 않아서/ 대답하기 어렵습니다/ 나도 모르게 웃음이 터져 나와/ 거무칙칙한 웃음 피를 토하듯/ 뻗쳐올랐다가, 멈추고, 다시 뻗쳐오른다."

　상당히 해학적이면서도 고통스런 마음이 느껴진다. 사회적, 역사적 '책임감' 없이 산다는 것은, 살아 있되 실은 죽은 거나 다름없는, '좀비'에 불과할 것이다.

　따라서 우리 스스로도 책임성 있게 살아야 하지만, 우리 세대의 삶이 끝나고 사라지더라도 우리의 아이들, 또 그 아이들의 아이들이 계속해서 변하지 말고 이 '생태민주주의'의 길로 나아가길 진심으로 바란다. 그러나 어느 탁월한 지도자가 나타나 우리 모두를 구원해주길 기도만 해서는 안 된다.
　그래서 '나부터' 그리고 '더불어' 나서서 말하기 시작해야 한다. 참된 인간성이 사회적으로 구현되는 세상에 대해 말하자는 얘기다. 불교에서는 이렇게 넓은 마당에 사람들이 모여 앉아 온갖 좋은 아이디어를 논하는 것, 이것을 야단법석(野壇法席)이라 부른다. 요즘말로, '광장 민주주의'다.

여기서 혁명가 체 게바라(1928~1967)의 명언이 생각난다. "자신의 신념을 위해 그 어떤 위험도 감수하지 않는 사람은 그 신념이 보잘것없거나 자신이 변변치 못하기 때문입니다." 우리는 이 인용문 속 '위험'을 '책임'으로 바꿔도 좋겠다.

나는 이런 소신 있는 사람들이 만드는, 야단법석(野壇法席)의 '광장 민주주의'야말로, ① 12·3 내란 사태로 인한 무법천지(無法天地) 상황을 극복하고, ② 상식에 부합하는 준법사회(遵法社會)를 구현하며, ③ '탈 자본, 진 생명' 철학 위에서 '생태민주주의'를 실현할 방법론이라 본다.

그리하여 지구 위에 인간과 비인간 존재들이 모두 함께 춤추며 살아가는 아름다운 세상이 제자리를 찾아가면 좋겠다. 이런 마음, 따뜻한 마음을 가진 사람들이 더 많아지면 좋겠다. 그런 변화를 나는 지난 몇 개월 사이에 국회 앞에서, 남태령에서, 광화문에서, 헌법재판소 앞에서, 한남동에서, 그리고 내가 사는 지역의 읍내에서도 '찡하게' 보았다. 고마운 일이다. 내가 처음 만났던 그 마을 형님(들)도, 또 그와 비슷한 누님들도 읍내 광장에서 함께 손잡고 춤추는 세상이 오면 좋겠다. 그리하여, 생태민주주의여, 만세!!!

'나부터' 정치혁명, 10계명

1. [나부터 정치] "나는 정치에 관심 없어."라는 말을 더 이상 하지 않는다. 대통령이나 국회의원 중심의 국가주의 정치가 곧 민주주의인 건 아니다. 물론, 당장에 닥치는 모든 선거에 관심을 가질 필요는 있다. 이왕이면 민주·진보 인사를 지지해야 한다. 하지만, 이들 역시 생태민주주의를 중시하지 않을 수 있다. '나부터' 세상이나 나라가 어떻게 돌아가는지 관심을 갖고, 또 선거로 뽑힌 이들이 생태민주주의 방향으로 가고 있는지 관심을 갖는 것이 '나부터' 정치혁명의 시작이다. 앞서 제안한 교육, 노동, 복지, 농업 분야의 지속적 개혁을 위해 꾸준히 노력해야 한다.

2. [살림의 정치] 나라 살림살이가 어떻게 돌아가는지 관심을 가진다. 한 해 예산이 660조를 넘는다. 대부분이 혈세로 충당된다. 한편, 나라 빚이 급속히 불어난다. 가계, 기업, 정부 부채를 모두 합치면 5200만 국민 1인당 1억 원 이상을 빚을 지고 있는 나라다. 재경부나 F4(기획재정부, 한국은행, 금융위원회, 금융감독원)가 나라 살림살이를 건전하게 운영하는지 꾸준히 모니터링할 필요가 있다. 부자 감세, 법인세나 금투세 낮추기. 그리고 불필요한 예산 지출 등

을 민주적으로 감시하고 통제할 필요가 있다. '죽임'의 정치가 아닌 '살림'의 정치를 위해서다.

3. [공감의 정치] 마을마다 자본주의를 체계적으로 공부함과 동시에 탈(脫)자본의 대안을 모색한다. 이에 여성주의와 생태주의를 결합한 '에코페미니즘'은 큰 도움이 된다(다수 학자들이 함께 쓴 『우리는 지구를 떠나지 않는다』는 좋은 참고서다). 『고병권의 〈자본〉 강의』나 고 김종철 선생의 『녹색평론』을 꾸준히 읽고 토론하는 인문학 모임이 전국 곳곳에서 만들어지면 좋겠다. 이런 지속적인 대화 및 토론 모임에 적극 참여하여 '깨시민'으로 거듭나는 것도 '나부터' 정치혁명의 좋은 방법론이다.

4. [광장의 정치] '광장 요법'으로 제시된 광장 민주주의 활동에 적극 참여한다. 이것은 우리 내면의 두려움을 이웃과 함께 극복하는 데 큰 도움이 된다. 강진 출신 농민 강광석의 '남태령의 28시간'에서도 잘 나타나듯, 잘 몰랐던 젊은이들과 마음의 소통을 하면서 서로가 서로에게 힘이 되고 치유가 되는 경험은 광장이 아니면 얻기 어렵다. 나아가 광장 민주주의는 다양성과 창의성을 배우는 장이기도 하다. 우리가 지향하는 생태민주주의는 사람과 사람, 사람과 자연이 더불어 사는 것을 지향하기에 다양성, 창의성, 상호성, 순환성은 핵심 개념들이다.

5. [생명의 정치] '나부터' 정치혁명은 '탈(脫) 자본, 진(進) 생명' 철학으로 '생태민주주의'를 지향한다. 이는 단순한 '투표 참여' 정도를 넘어 새로운 사회를 추구하는 개념이다. 즉, 이는 (민의를 제대로 대변하지 못하는) 대의민주주의나 (자본 중심의) 자유민주주의를 넘어가려는 것이다. 따라서 삶의 가치관 변화(돈에서 삶으로), '생태적 감수성' 고양, 타자의 고통에 대한 공감과 연대의 관계 형성을 일관되게 강조한다. 그러기 위해서라도 가정, 학교, 직장, 사회 전반에서 '민주시민 교육'은 물론 '생태전환 교육', '시스템전환 교육'을 요청한다.

6. [기억의 정치] '나부터' 정치혁명은 '양심의 구성'과 더불어 진행된다. 법률 용어에 '범죄의 구성요건'이란 게 있는 것처럼 우리는 '양심의 구성요건'을 생각해 볼 수 있다. 그것은 ①기억과 성찰, ②느낌과 의심, ③용기와 결단이다. 우리가 평소에 과거의 사건들(특히 폭력의 역사)에 대해 기억과 성찰을 한다면, 현실 문제들을 예민하게 인식·의심할 수 있다. 이에 자기 느낌을 속이지 않고 정직하고 단호하게 반응하는 것이 용기요 결단이다. 법적으로 이는 '양심선언' 내지 '부당 명령(지시) 거부권'으로 귀결될 수 있다. 따라서 이 '부당 명령(지시) 거부권'을 강화하고 '공익 제보자 보호'를 보강할 필요가 있다.

7. [능동의 정치] '나부터' 정치혁명은 소극성과 수동성에서 벗어나 '한 걸음 더 적극성'을 추구한다. 누군가 '깃발'을 꼽아주기를 기다리고 누군가 먼저 '제안'해 주기를 기다리지만 말고, 내가 먼저 깃발을 꼽거나 신선한 제안을 하는 것(예, 인문학 모임 주도하기), 이런 걸 나는 '한 걸음의 적극성'이라 본다. 이 '한 걸음'을 나부터 먼저 내딛자는 얘기다. 이런 사람들이 많아질수록 마을, 지역, 공동체는 더욱 활성화할 것이다. 이때 '비폭력 대화(NVC)'는 매우 중요한 기법이 된다. '부드러운 카리스마' 역시 큰 도움이 될 것이다.

8. [나눔의 정치] '나부터' 정치혁명은 '돌봄과 나눔의 미덕'을 통해 공동체적 유대감을 강화한다. 이미 광장 민주주의 경험에서도 여러 차례 나온바, 인기 배우나 방송인 등이 '선결제' 형식으로 커피나 음료수 등을 시민들에게 제공한 것은 '모범 사례'다. 이는 '노블레스 오블리제'의 일환이기도 하지만, 삶의 능동성과 연대성을 고양하는 창의적 방식이다. 그런 미덕들이 공동체적 관계망을 더 돈독히 할 것이고, 인간적 유대감이나 신뢰감을 강화할 것이다. 나 먼저 인사하기, 먼저 손 내밀기, 같이 밥 먹기 등 역시 '나부터' 정치혁명의 작지만 의미 있는 실천이다.

9. [풀뿌리 정치] '나부터' 정치혁명은 선거 민주화, 가짜뉴스 및 색깔론 등 반민주 관행을 없애고자 한다. 일례로, 대통령이나

지자체장 선거에서 '결선투표제'를 도입하면 좋겠다. 그리하여 최종 결선 투표에서 50% 이상의 지지를 얻은 후보가 당선자가 돼야 한다. 그리고 국회의원이나 시군구 의회 선거에서는 100% 정당 비례 투표제(지역구 없이 오직 정당 정책만 보고 투표)를 실시하면 좋겠다. 그리고 선출된 자들이 사회적 신뢰를 잃으면 국민투표나 시민 소환제를 통해 파면할 수 있게 한다. 나아가 대법관 및 헌법재판관, 검찰총장과 중앙지검장, 고검장 등 역시 평판사 및 평검사들이 직선으로 뽑으면 좋겠다. 더 중요하게는 정치 폭력 금지법, 가짜뉴스 방지법, '빨갱이' 등 색깔공세 처벌법을 통해 해당 범죄자들을 무기징역형으로 처벌해야 한다.

10. [지속성 정치] '나부터' 정치혁명은 지속 가능한 통일 한반도를 꿈꾸며 생태민주주의 헌법을 지향한다. 모범 사례는 2008년 에콰도르 '생태 헌법'인데, 이는 자연 생태계(숲, 강, 바다 등)에도 법인격을 준다. 또 기후위기 대응을 위해 기존 탄소중립법을 넘어 '기후위기 예방법'으로 6대 온실가스(이산화탄소, 메탄, 아산화질소, 수소불화탄소, 과불화탄소, 육불화황) 방출을 엄격 제한한다. 동시에 대의민주제 외에 '시민의회' 등 시민참여를 창의적으로 확대하길 원한다. 또 남한의 장단점, 북한의 장단점 중 장점만 살려 생태민주적 통일 한반도를 만들자! 이어 전 구성원들의 삶의 질과 행복을 지속 고양하기 위해 숙의민주주의를 만들어 나가자!